JN059849

空●間
Through
Five Senses:
Perceiving
Architectural
and Urban
Spaces
五●感

世 界 の 建 築 ・ 都 市 デ ザ イ ン
日本建築学会［編］

井上書院

はじめに

　本書は，日本建築学会に空間研究小委員会の前進が 1985 年に設立され，以来 35 年にわたる活動の一環として編纂されたものである。

　空間研究小委員会は，建築・都市空間を対象とした研究の視点，方法，成果について議論を重ねてきた。35 年間に開催された公開シンポジウムは 87 回に及び，12 冊もの書籍を刊行している。一貫した主旨のもと，学問としての客観的，分析的なアプローチを強く志向すると同時に，多様な様相を呈する空間，現象を追究してきた。

　空間を対象とした研究の方法論に関連する書籍は，『建築・都市計画のための調査・分析方法』(1987 年，2012 年改訂)を端緒として，『建築・都市計画のための空間学』(1990 年)，『建築・都市計画のためのモデル分析の手法』(1992 年)，『建築・都市計画のための空間計画学』(2002 年)と続いている。また，空間を記述し，表現する用語・用法を解説した『建築・都市計画のための空間学事典』(1996 年，2005 年改訂，2016 年増補改訂)を刊行した。

　一方，多様なる空間の魅力に迫るべく，『空間体験』(1998 年)，『空間演出』(2000 年)，『空間要素』(2003 年)の 3 部作を上梓している。これらの書籍の意義は本書と関連が極めて深い。あわせて，デザインの用語や手法を解説した『建築・都市計画のための空間デザイン事典』(2006 年)も刊行した。

　本書『空間五感—世界の建築・都市デザイン』は，人間の感覚という視点から空間の魅力を解読している。平易な言葉で空間の魅力を伝えることが主眼であることに変わりないが，建築・都市の空間研究が深化し，細分化する傾向のなかで，また膨大なデータ分析が人知を超えた領域に到達するなかで，原点である空間と人間そのものから乖離することのないように，という思いも含んでいる。

　建築・都市計画の実務者，研究者，学生など，さまざまな方々がデザインや研究をする際の一助となり，より豊かな建築・都市空間の形成につながることを願っている。

　2021 年 3 月　　　　　　　　　　　　　　　日 本 建 築 学 会
　　　　　　　　　　　　　　　　　　　　　空間研究小委員会

本書の特徴と構成

日本建築学会の空間研究小委員会が編集した1998年『空間体験』，2000年『空間演出』，2003年『空間要素』は，建築・都市空間には魅力があり，興味深い対象であることを，学生だけでなく一般の人にも理解できるよう意図して書かれたものである。空間研究小委員会では，この3冊を空間3部作と呼び，空間研究の発展に寄与してきた。

本書は，空間研究小委員会の活動開始から35年の節目に，「空間体験」が「感覚体験」であることの原点にかえり，空間3部作を踏襲しつつ，空間3部作とは違う新たな視座から建築・都市空間の魅力の再発見や新たな展開の起点になることを目標に企画されたものである。

空間3部作を踏襲した点は，体験していない空間は書けないという大原則を守っている。一部を除き執筆者が実際に空間を体験した経験をもとに書いたため，臨場感のある空間記述となっている。また，写真の大半は執筆者自身が撮影した写真を使用している。新たな視座については，空間3部作では建築・都市の計画や設計に必要と思われる要素やつくる手法などに着目し，そのキーワードをもとに分類して事例の紹介と解説を行っている。見方を変えれば，建築やそのつくる手法に焦点を当てているため，やや専門的であり，建築学的な側面がある。一方，人はどう感じるかという側面は，本の構成上あまり強調されていない。本書は，「人間がどう感じるか」に着目して本の構成を行った。その感覚がなくなればその空間の根本的な魅力は語れないと考えられる空間の事例を紹介している。

『空間五感』について

本書のタイトルについて議論を重ねた結果，「空間感覚」ではなく『空間五感』とあえてつけた。五感は，アリストテレスが『霊魂論（デ・アニマ）』において「五感以外にほかの感覚は存在しない」とし，「視覚」「聴覚」「触覚」「嗅覚」「味覚」の感覚を五感として長年使われてきた。その後，人間にはさまざまな感覚があることが証明され今日に至っていることは周知のとおりである。しかし，五感はそれ以外の感覚も含めての総称であるため「五感」を採用した。感覚をテーマにしている本

書としては最適な言葉である。

　建築・都市空間には「聴覚」「触覚」「嗅覚」「味覚」は関係ないように思われがちであるが，人間は空間を「五感（＋α）」で感じており，建築・都市の計画・設計者であれば，より快適で豊かな空間を創出するために，五感を鍛え最大限に研ぎ澄ませていく必要がある。建築は「視覚」が大切であるかのような風潮を，本書を通じて一石を投じたいとの思いも込めている。近年，経済分野などでは，理論だけでは会社経営に限界があるとして，ビジネスマンが混沌とした時代を生き抜き，差別化を図るために感覚を磨く時代となってきている。建築・都市の計画・設計者も同様で，「感覚」が見直される時代に本書を刊行できることの意義は大きい。

本書の構成

　本書の構成は，「視覚」「聴覚」「触覚」「嗅覚」「味覚」に加え，「時間」「多様な感覚」の章を追加し，一つの事例に対して2ページとし，その事例をよく表現している写真をできるだけ大きく扱うため1〜2枚とした。前半は事例の総合的解説とし，後半は執筆者がどう感じたか，どう感動したかについて紹介している。また，紙面右下には，空間はさまざまな感覚の複合体として表現されているため，主観的であるが，「視覚」「聴覚」「触覚」「嗅覚」「味覚」「時間」「多様」の項目を付け，それぞれの感覚の強弱を表現した。加えて読者の助けになるよう「感覚論に影響を与えた人々」，巻末には索引を掲載した。

　取り上げた事例は，執筆者の空間体験をもとに書かれているため，あらゆる事例を網羅することができない。内容については編集委員会で全体構成の統一や文体を整えるよう努めたが，最小限に留めている。その理由は，本書の主旨として執筆者が感じた感覚を大切に表現してほしいとの思いから，原則的に執筆者に一任したためである。このため，解説内容に若干の重複や差異などが生じていることをご容赦いただきたい。

　最後に，執筆者の方々に深くお礼を申し上げるとともに，本書が建築・都市空間について議論を深め，空間研究の発展の一助になれば幸甚である。

2021年3月　　　　　　　　　　　　空間研究小委員会
　　　　　　　　　　　　　　　　　　空間五感編集委員会

執筆者一覧 （編集委員，主査，幹事以外は五十音順）

[編集委員]

鈴木弘樹　千葉大学大学院工学研究院建築学コース准教授

郷田桃代　東京理科大学工学部建築学科教授

恒松良純　東北学院大学工学部環境建設工学科准教授

宗政由桐　早稲田大学人間科学学術院講師

小林美紀　東京工業大学特別研究員

佐藤将之　早稲田大学人間科学学術院准教授

積田　洋　東京電機大学未来科学部建築学科教授

[執筆者]　＊（　）内の数字は目次に記載した番号で，執筆担当を示す。

赤木徹也　元工学院大学建築学部建築デザイン学科教授
　　　　　　　（25・41・47・102・105・127・128）

石垣　文　広島大学大学院先進理工系科学研究科建築学プログラム助教
　　　　　　　（84・117）

稲坂晃義　千葉工業大学創造工学部デザイン科学科助教
　　　　　　　（11・73・79・92）

馬屋原敦　中日本高速道路株式会社浜松保全・サービスセンター施設担
　　　　　　　当課長　　　　　　　　　　　　　　　　　　　　　　（83）

大野隆造　東京工業大学名誉教授　（46・68・81・89・111・139・141・146）

沖　拓弥　東京工業大学環境・社会理工学院建築学系准教授　（33・118）

大佛俊泰　東京工業大学環境・社会理工学院建築学系教授
　　　　　　　（2・4・9・54・104）

金子友美　昭和女子大学大学院生活機構研究科環境デザイン研究専攻教授
　　　　　　　（13・37・64・112・122）

狩野朋子　帝京平成大学現代ライフ学部観光経営学科准教授　（38・114）

鎌田光明　秋田工業高等専門学校土木・建築系助教　（44・67・99・113）

木川剛志　和歌山大学観光学部観光学科教授　（40・71・94・95）

北川啓介　名古屋工業大学大学院工学研究科社会工学専攻教授
　　　　　　　（93・98・123）

郷田桃代　（前出）　　　　　　　　　　　　　　（6・7・26・52・124）

小林美紀　（前出）　　　　　　　　　（1・51・110・143・144・145）

櫻井雄大　東京理科大学工学部建築学科助教　（14・31・78・109）

佐藤　泰　名古屋市立大学大学院芸術工学研究科建築都市領域講師
　　　　　　　（16・23・30・62・132）

佐藤将之	（前出）	（5・28・34・60・63）
佐野友紀	早稲田大学人間科学学術院教授	（17・27・74）
徐　華	日本工業大学建築学部建築学科准教授	（20・22・57・61・86）
鈴木弘樹	（前出）（65・100（後藤直也　千葉大学）・101（杉山英知　千葉大学）・116（東俊一郎 Universidad de Monterrey）・137）	
高橋鷹志	東京大学名誉教授	（103）
高橋浩伸	熊本県立大学環境共生学部居住環境学専攻教授	（76・96）
太幡英亮	名古屋大学大学院工学研究科准教授	（15・24・72・131・133）
恒松良純	（前出）	（8・43・80・85・125）
積田　洋	（前出）	（32・35・36・39・45・48・138・140・147・148）
永峰麻衣子	早稲田大学人間総合研究センター招聘研究員	（50・55・70）
西出和彦	東京大学名誉教授	（134・142）
丹羽由佳理	東京都市大学環境学部環境創生学科准教授	（87・91・97）
橋本都子	千葉工業大学創造工学部デザイン科学科教授	（10・29・103・119）
日色真帆	東洋大学理工学部建築学科教授	（21・69・82・90）
福井　通	日本建築学会関東支部神奈川支所長	（3・12・49・108・115・129・130）
藤井健史	立命館大学理工学部建築都市デザイン学科助教	（42・77・88）
宗政由桐	（前出）	（18・53・58・59・66・121・126）
飯塚裕介	大東文化大学社会学部社会学科講師	（19・120）
山家京子	神奈川大学工学部建築学科教授	（56・75・106）
横山勝樹	女子美術大学芸術学部デザイン・工芸学科教授	（107・135・136）

建築計画本委員会 ［2020 年度］

委員長　小野田泰明
幹事　　小篠隆生
幹事　　栗原伸治
幹事　　清家　剛
幹事　　那須　聖
幹事　　橋本都子
委員略

計画基礎運営委員会

［2019 年度］

主査　　山田哲弥
幹事　　橋本都子
幹事　　松田雄二
委員略

［2020 年度］

主査　　日色真帆
幹事　　酒谷粋将
幹事　　橋本都子
委員略

空間研究小委員会 ［2020 ～ 2021 年度］　＊印は 2018 ～ 2019 年度の委員

委　員	空間研究調査 分析方法 WG	新空間探求 WG
主査　郷田桃代	主査　恒松良純	主査　佐藤将之
幹事　太幡英亮	幹事　宗政由桐	幹事　太幡英亮
幹事　宗政由桐	赤木徹也	稲坂晃義
稲坂晃義	石垣　文	＊馬屋原敦
馬屋原敦	大佛俊泰	大野隆造
沖　拓弥	金子友美	北川啓介
鎌田光明	狩野朋子	小林美紀
木川剛志	鎌田光明	櫻井雄大
＊北川啓介	木川剛志	佐藤　泰
小林美紀	鈴木弘樹	佐野友紀
佐藤　泰	瀧澤重志	徐　　華
佐藤将之	積田　洋	谷本裕香子
＊髙橋浩伸	丹羽由佳理	西出和彦
恒松良純	＊山家京子	橋本都子
永峰麻衣子	横山勝樹	日色真帆
藤井健史		＊藤井健史
飯塚裕介		

CONTENTS

1

視覚

建築の三大要素を強・用・美と唱えたのは
ヴィトルヴィウスであるが、美の価値観は時代によって
変化しつつも、視覚的な要素が最も重要であることに異論は
ないであろう。加えて、建築を視覚的に構成する要素は
形態や様式のみならず、動きや色彩、明度、奥行といった
さまざまな要素が絡み合うため、同じ空間を「視(み)」た場合でも
人によってとらえ方は千差万別となる。
本章では、建築・都市空間を五感でとらえる際に「視覚」が
どのように働いているのか、さまざまな「視」点を
紹介しながら解説する。

ブラーノ島

イタリア・ヴェネツィア ◆ 15 世紀頃

ブラーノは、イタリアのヴェネツィアの潟(ラグーン)に形成された島で、4 つの小島が橋でつながれた海上都市である。この島はもともと漁業が盛んで、島にある 3 つの運河にはいくつもの小さな舟が係留されている。その運河両側には色とりどりの家並みが続く。これは、冬霧が深く、沖合から舟で戻る際、自分の家が判別できるようにと、色鮮やかに外壁が塗装されはじめたようである。運河沿いの水辺だけでなく、内陸の路地に面する家々までもが各家のアイデンティティを示すように、それぞれ彩度の高い色を用いて塗られている。

これらの鮮やかな外壁の色はヴェネツィア市によって規制されているため、自宅の外壁の配色を変更する場合は許可を得て、隣とは異なる色での塗装が求められている。

彩色を見る－街

ブラーノ島へ水上バスで近づくにつれ、色彩豊かな街並みが目に飛び込んでくる。レッド、イエロー、ピンク、グリーン、ブルーなどと接する建物には 1 つとして同じ色はなく、霧の中でも映えるような鮮やかさである。そんな彩りにあふれた島の散策は、幻想的な絵本の中を歩いているようでもある。フォンダメンタと呼ばれる運河に面した街路から路地を抜けると、小さな広場に面して洗濯物が干され、家の中から声が聞こえてくるなど人々の暮らしをより感じる。建物もフォンダメンタ沿いとは異なり、1 つの建物が垂直方向や水平方向などで塗り分けられる建物もあり、外壁の色からも区割りが読み取れる。

ブラーノ島の街は多彩な建物が立ち並ぶが、島全体として統一した印象がある。それは外観として、壁の色が高彩度、窓に鎧戸(よろい)、瓦屋根など共通な要素があるからであろう。一つ一つの建築が鮮やかな彩色でみせる街並みは、イタリアの青空と調和して、魅力のある建築・都市景観を醸し出している。

写真(左上)：鮮やかに彩色された建物が並ぶ運河沿い
写真(左下)：路地の奥にある小広場

ロンシャンの礼拝堂

ル・コルビュジエ ◆ フランス・ロンシャン ◆ 1955 年

ル・コルビュジエの設計によるカトリック・ドミニコ会の礼拝
堂(Chapelle)である。第二次世界大戦中の空爆で破壊された
中世の礼拝堂を、戦後に再建したものである。
正面ファサードはカニの甲羅を模したようなデザインであり、
ル・コルビュジエの彫塑家としての自由奔放な意識が現れてい
る。テラコッタで白く仕上げられた分厚い外壁は、場所によっ
ては 3 m にも達するほど分厚く、緩やかに傾斜しながら屋根
へと続く。地上からは見えないが、凹状に湾曲したシェル構造
の屋根は、雨水を集めながら西側に向けて下り、象の鼻のよう
に見える雨樋から集水桶へ落ちる仕組みとなっている。西側に
は曲面屋根をもつ採光塔が礼拝堂全体のバランスを保つように
設置されており、その内部には小礼拝堂が設けられている。屋
根が大きく張り出した東側の屋外テラスには、祭壇と説教檀が
設けられている。
世界遺産「ル・コルビュジエの建築作品-近代建築運動への顕
著な貢献-」における 17 資産の一つである。

彩色を見る－建築

南面の重厚な壁には不規則に小さな開口部が穿たれており、色とりどりの鮮やかなステンドグラスがはめ込まれている。差し込む屋外からの光は、幻想的で神秘的な色彩をまといながら内部空間に導かれる。分厚い外壁を通過する過程では、スタッコで白く塗られた壁面がキャンバスとなり、色彩豊かでユニークな文様の影を落としながら導かれ、礼拝堂内部の神秘性を高めている。スタッコで白く塗られた壁とは対照的に、重量感のあるコンクリート打ち放しの屋根は、壁と屋根の隙間に設けられた 10 cm ほどの水平方向の細いスリットにより分離され、まるで浮遊しているかのように見える。

曲面屋根をもつ採光塔は計 3 箇所に設置されており、上部から取り込んだ屋外からの光は、まるで採光塔の壁面をつたって流れ落ちてくる水のようにも感じられる。3 つの小礼拝堂には異なる色彩の光が導かれ、それぞれの小礼拝堂にテーマを与え、また固有の場所性を醸成している。

写真（左上）：南東方向からの全景
写真（右上）：礼拝堂内部（南側ステンドグラスを見る）

黄金寺院（ハリ・マンディル）

第4代グル・ラームダース ◆ インド・パンジャーブ州 ◆ 1604年

黄金寺院は文字どおり黄金色に輝く寺院、幾何学的水面に浮かぶ極めて構築的魅力をもつ空間である。自然風景の中の金閣寺とはその点が異なる。立地場所はインド・デリー北部、パキスタン国境近くのアムリトサルの街。シク教の聖地である。

シク教は、16世紀にグル・ナーナクが興した新興宗教である。多神教のヒンドゥー教と同様に輪廻転生は肯定するが、カースト、儀式などの形式を否定し、偶像崇拝も否定する一神教である。イスラム教の影響を受けたと言われている。

この聖地を目指して大勢の信者が集まる。寺院は24時間開放されており、特に寺院前の広場は夜中も人であふれている。そこかしこで立ち話をする人々、床に座り込み大声で議論するグループ、物売りの声など極めて身体感覚的で賑やかである。

黄金寺院の空間的魅力は、この街の喧騒から隔絶した聖なる空間、その非日常性にある。周りを4階建の白亜の建物で幾何学的に囲み、120×150mの矩形の人工池の水面中央に浮かぶように象徴的に建っている。

ゆらぎ輝く聖なる空間

早朝に寺院前広場のゲートを抜けると、思わず「ウワッ!」と声をあげる別世界の光景が出現する。空を映すブルーの大きな水面に金色に輝く黄金寺院が浮かび、水面にもその姿がゆらいで見える。その視覚的効果は圧倒的で、まさに非日常の聖なる空間を演出した空間力がある。

水面は広場より階段で2〜3m下がったレベルにあり、俯瞰的視点から水面と黄金寺院を見下ろすことになる。純白の壁を背景に水面のブルーと建物の金色の対比的効果が見事で美しい。夜の光景はさらに幻想的で、幽玄あるいはエロス的とも表現すべき様相となる。暗闇の中に黄金寺院だけが浮かび上がり、水面に映る姿がゆらゆらとゆらぐ。

水面の周りは回廊が取り巻き、信者だけでなくだれもが四方から黄金寺院を眺めることができる。その一画から桟橋で寺院にアプローチすると、寺院内部から見た内外の関係も開放的で、「万人皆平等」の教義が視覚化され表現されている。

写真(左上)：黄金寺院の夜景　水面に映る姿がゆらぐ
写真(右上)：アプローチ側から見た黄金寺院

ウィーン郵便貯金局

オットー・ヴァーグナー ◆ オーストリア・ウィーン ◆ 1906 年

ウィーン郵便貯金局における出納窓口ホールの天井は、中央部がアーチ状になっており、バシリカ式教会を連想させる古典的な空間構成となっている。アーチ状に構成された半透明のガラス屋根は二重構造となっており、天井面の美観と暖房効率の両面で実に機能的である。オットー・ヴァーグナーは、工業生産される材料であるアルミニウムの特性を活かして、外壁のリベット（鋲）、柱の被覆、暖房給気筒柱などアルミニウムを装飾要素として多用している。使用材料をガラスとアルミニウムに限定することでホールの装飾を最小限に抑えている。装飾的要素を排除しながらも、幾何学的な構成要素の反復によって空間にリズムを与えている。また、建築だけでなく内部装飾、椅子、電灯、小物などもオットー・ヴァーグナーによる設計である。このホールは、実用性と芸術性、古典と現代が融合された建築であり、「機能主義的建築の父」と呼ばれるオットー・ヴァーグナーの基本理念や芸術観が見事に具現化された代表的建築作品の一つである。

明るさ、輝きを見る

正面玄関から階段を上り2階に達すると、出納窓口ホールが観音開きの扉越しに見える。やや重量感のあるこの扉を開けてホール内に入ると、隅々までが清楚で明るい光で満たされた、端正で洗練された空間に圧倒される。

天井一面が半透明のガラス天井となっており、アルミニウムで被覆されたスリムな鋼鉄製の柱によって支えられている。降り注ぐ屋外からの自然光は、乳白色のガラス天井によって眩しさはカットされ、柔らかい洗練された光だけが透過してくる。まさにフィルターのようであり、ホール全体を優しい光で満遍なく包み込む装置として機能している。ガラス天井を透過してくる自然光は内部空間の隅々まで拡散し、ガラスブロックが敷かれた床の透明感と相まって明るく澄んだ空間となっている。ホールの壁際には高さ2mほどのアルミニウム製の細長い通風孔が立っており、現在はエアコンの排気口として利用されている。これだけでも魅惑的な芸術作品である。

———

写真（上）：出納窓口ホール

聖コロンバ教会ケルン大司教区美術館

ピーター・ズントー ◆ ドイツ・ケルン ◆ 2009年

ピーター・ズントーによってデザインされたコロンバ美術館は、第二次世界大戦で破壊されたロマネスク様式の聖コロンバ教会の基礎とプリツカー賞受賞者のゴットフリート・ベームによる建築物が含まれており、歴史的に多様な人々の思いが詰まった建築になっている。特に外壁は、元々あった教会の外壁を残したままテイストの違う新しい外壁を追加しており、新旧の違いがわかりやすくなっている。新しくつくられた部分の上方にはガラスが貼られ、近年につくられた雰囲気が表れている。

光で見せる

外観からは、レンガの透かし積みによる開口が確認できる。旧教会部から外壁を至近距離で見られる場所があるが、レンガの透かし積みによる開口それぞれの大きさが不規則に異なって見え、それに応じて内部空間ではさまざまな大きさの光が見えそうなことを想起させる。

実際に内部へ行くと、開口それぞれのランダム感に加えて、微妙に変化している壁の角度、陽の光の向き、建物に近接している樹木の影響を受けて、さらに多様な光が入ってくることがわかる。敷地南西の交差点近くから見ると確認できるが、動線として内外が区切られているものの、そこから見える範囲で内観を確認でき、光の入り具合を内外で感じることができる。展示室では意図的に人工照明が抑えられており、立体感や石の質感が伝わりやすいが、全体的には変化する昼光の印象を通じて場の雰囲気が変わる。

外観では確認しにくいが、透かし積みの上部空間にも展示室群があり、新旧の境界がわかりにくいようになっている。新しい展示室群の空間では、外観で確認できる上部の開口がある。新しい展示室群には大きなガラス窓があり、この教会とケルンの街との融合をつくりだしている。

写真（左上）：レンガの透かし積みがわかる外観
写真（左下）：地上階内部

キンベル美術館

ルイス・カーン ◆ アメリカ・テキサス州 ◆ 1972 年

フォートワースのカルチュラル・ディストリクトにあるキンベル
美術館は、1972 年、ルイス・カーンの設計により建てられた。
公園の芝生と整列した樹木のランドスケープの中に、ヴォール
トの反復という独特の造形が際立っている。外壁はコンクリー
トとトラバーチンで構成され、外観は公園側に開放された部分
を除き、この壁で閉じられている。
建物の下階が基壇状につくられ、その上に、30×6.5 m のヴォ
ールトを長手方向に 3 列、妻側に 6 列並べて、建物の骨格が形
成されている。その中に展示室、ホール、中庭、オーディトリア
ムなどを配しているが、サイクロイド曲線を用いたヴォールト
の形状と、その頂部のトップライトから取り込まれた自然光で
特徴づけられた内部空間がこの建築最大の魅力である。

光を見る

テキサスの強烈な日差しを受けて建物の平滑な外表面は白く輝
き、硬質な美しさを放っている。公園側から引き込まれたエン
トランスは全面ガラスで、その両側をポーチとして公園と連続
している。幾何学的に配列された樹木を抜け、内部に入ると前
述の独創的な空間が現れる。ヴォールト頂部の約 75 cm のス
リットから入る自然光はアルミの反射板で拡散され、天井面に
沿って注がれる。機能的にいえば、直射光を嫌う美術館の展示
室に外光を取り入れる仕掛けであるが、この明るいヴォールト
は不思議な感覚を引き起こし、滑らかな曲面に沿って現れる光
のグラデーションは、見るものに「光」そのものを知覚させる。
ルイス・カーンの独創的な光の操作は、この明るいヴォールト
だけではない。中庭から入る光も、ヴォールト下部の湾曲した
スリットから差し込む光もある。外部の閉じた硬い表情とは対
照的に、内部の空間は柔らかな明るさで満ちあふれ、光のわず
かな変化が穏やかな時間性を生み出している。

写真(左)：頂部から入る自然光がヴォールトの天井面に沿って注がれる

国立代々木競技場（旧国立屋内総合競技場）

丹下健三 ◆ 東京都渋谷区 ◆ 1964 年

1964 年に東京オリンピックの水泳競技場として建設されたこの建物は、丹下健三の代表作で、半世紀を過ぎた今も輝きを失わない名建築である。代々木のオリンピック会場は、明治神宮の杜に続くオープンスペースに、水泳競技場として 15,000 人を収容する主体育館、球技場として 5,000 人を収容する付属体育館、そしてこれらを結ぶ付属棟で構成された。

巨大なボリュームの空間は、要求される機能、技術、表現がひとつに統合され、極めて記念碑性の高いものとして結実した。高張力ケーブルと鋼材による吊り屋根の構造は、独特の形態表現を生み出し、大きな空間を内包しながら絞り込み、流動化させている。大空間の平面は直径 126 m の円形を基本としているが、左右の三日月形を少しずらした形態をとることにより、外観にも室内にも動きが生まれ、そのずれによって内は外へと開放される。このようにして、観客と競技者が熱く盛り上がる一体性、同時に圧迫感のない開放性をつくりあげ、そして、15,000 人の観客の流動を合理的に処理している。

流動性を見る

街から競技場へ向かう人々は、天を指す支柱と緩やかなカーブを描く屋根や壁が織りなす独創的な外観に魅せられながら近づく。建築の両端の小広場に至った人々の群れは、大きく開かれた裾広がりの入口に吸い込まれるかのように流れていく。そして、人々が内部に入ってわずかに進んだところで、突如巨大な内部空間が眼前に広がる。低い場所に位置するフラットなアリーナ、観客席がそれを取り囲むように伸び上がり、天井の2つの大きな曲面が覆っている。観客を合理的に誘導しながら、身体が震えるような劇的な瞬間がつくられている。

内部は、吊り構造の屋根が観客席の上部から湾曲してせり上がり、さらに両端の支柱に向かって上昇している。大空間を内包しながらも、絞り込むことで空間を流動化させ、見るものに上昇感や力動感を与える。観客はスタンドから、競技者はアリーナからこの空間の流動性を見て感じるとることができ、両者が一体となった祝祭的な時間をいっそう格別なものにしている。

写真（上）：独特の形態表現が大空間を内包しつつ流動化させている（©宗政由桐）

▌ヴェルサイユ宮殿

ルイ・ル・ボウら ◆ フランス・パリ郊外 ◆ 17〜18 世紀

フランス絶対王政下の記念碑ともヨーロッパ建築を代表するモ
ニュメントとも評される、パリ郊外に位置する壮大で優雅な宮
殿である。バロック建築の宮殿の豪華さだけでなく、広大で美
しいフランス式庭園や離れも特徴的である。ヴェルサイユ宮殿
の始まりはルイ 13 世が狩猟のためにつくった邸宅で、太陽王
と呼ばれたルイ 14 世が当時の最高の職人たちを招いて建造し
た。いずれも高い芸術性が評価されている。

宮殿よりも労力を費やしたと言われる庭園には、豊かな水をた
たえる噴水をつくるために丘を切り崩し、運河を掘り、揚水装
置を設置するなど、水のなかった地に常に水の噴き上げる空間
としていった。当初の宮殿には王族だけでなく貴族も生活して
おり、庭園内への立ち入りを許されていた民衆は、その豪華な
宮殿と庭園を目の当たりにすることで王の力を知ったという。
ルイ 16 世の時代まで国王の居城として使用され、この地で繰
り広げられた歴史も興味深い。フランス革命の舞台であり、マ
リー・アントワネットという女王の数奇な運命も注目される。

豪奢を見る

全体の構成は、壮大なシンメトリーの空間である。宮殿を貫く
軸線と、それらに沿って配置される幾何学的に美しく刈り込ま
れた植栽や噴水などがある。庭園はどこからでも宮殿を見るこ
とができ、多様なビスタが設定されている。「ラトナの泉水」
「アポロンの泉水」には、テーマの異なる美しい彫刻があり、
「大運河（グランカナル）」など水辺に親しむことができる。自
然の中での空間にいるような錯覚になるが、これらすべてが時
の王によってつくられた空間である。

内部は、見るものを魅了する空間が連続する。「鏡の間」は
75 mの回廊で、巨大な窓とガラスが壁一面に張られ、天井画
で埋め尽くされた天井からおりるシャンデリアが圧巻の空間と
なっている。荘厳な雰囲気の「王室礼拝堂」や、歴代の王妃が
使用した「王妃の間」は華やかな生活を感じる。多くの部屋が
特色ある装飾や色彩に圧倒される。豪華絢爛な空間から華麗な
王族や貴族文化の一端を感じることができる。

写真（左上）：鏡の間（© 小林美紀）
写真（右上）：王室礼拝堂（© 小林美紀）

ストックホルム市立図書館

グンナール・アスプルンド ◆ スウェーデン・ストックホルム ◆ 1928 年

ストックホルム市立図書館は、直方体の中心に円柱を縦に配置したような、非常にプリミティブで幾何学的なボリュームで構成されている。中央部に丘をもつ公園の一角に立地しており（この公園もアスプルンドの設計）、傾斜地であることから、接道する 2 つの通りからは、それぞれ幅の広い階段とスロープでアプローチがなされる。

吹抜けの円筒形大空間は中央閲覧室であり、壁面 360 度が「知識の壁」と呼ばれる 3 層の書架となっている。閲覧室の中央には貸出カウンターが設置され、周辺の直方体の部分には、読書のためのスタディルームや児童図書室などが設けられている。アルヴァ・アアルトが設計した多くの図書館建築にも影響を与えたと言われている。

視覚を制御して見せる

玄関を入るといくぶん狭くて暗い階段が目前に現れる。視線と意識は必然的に薄暗い足元の注意に注がれることになる。ところが、階段を上り切る直前になると、視線は一気に上方に吸い寄せられ、円筒形の明るい大空間の真っただ中に誘導されたことに気づかされる。来館者の生理的な視線の動きを絶妙にコントロールすることで、見事な空間演出がなされている。

壁面 360 度に重層的に配架された無数の書籍によって包囲されていることに気づくと、それぞれの書籍に込められた思いや願いが頭上に舞い降りてくるようである。

中央閲覧室の上部に設けられた縦長の窓からは自然光が差し込み、波打つように仕上げられた壁面を照らすことで、乳白色の凸凹状の陰影が優美に浮かび上がる。天井中央部から吊り下げられたペンダント型の大きな照明は、巨大な円筒形空間の中心性を強調しており、プリミティブで幾何学的な空間構成の美しさを引き立てている。

写真（左）：書架 3 層レベルから中央閲覧室を望む

塔の家

東孝光 ◆ 東京都渋谷区 ◆ 1967年

「どうしても都心に住もうという決心が固まった瞬間からこのすまいの運命は定まった」と東孝光は語る。都市の真ん中で生まれ、終戦後のバラックの中で少年時代を過ごし、都会の喧噪と混乱の歴史の中で育った東にとって、これからの都市の変化をその真っただ中で考え、論じ、見守っていきたいという理由から、通称キラー通り沿いにある敷地面積 20.56 ㎡ (6.22 坪)、建築面積 11.80㎡ (3.56 坪)、延床面積 65.05 ㎡ の地下1階、地上5階（基準階高 225 cm）、鉄筋コンクリート造の小さな住宅が設計され、のちに「塔の家」として、それは世界的に知られることとなる。

「東京オリンピックのために国の力が動いて、住宅街に斜めに道路がついた。私たちの手に入れた6坪余の敷地は、そのときの三角の端切れ土地だった」と語る東は、みどりが欲しいときは公園で、人とのつきあいは町かどの喫茶店、仕事場は歩いていける近くのビルというように、この町に住みたいというこだわりがあって、そのうえでの塔の家であると考えた。

対峙性を見る

内部に入ると、蓄積された時間と不思議な安らぎ、外観からは想像できないのびやかな空間に包まれて、一瞬にしてその魅力に圧倒される。1 階は玄関ポーチと駐車場、階段を上り 2 階の玄関を開けるとすぐ脇に台所があり、居間とダイニングを兼ねた LDK となる。その上部は吹抜けとなるため狭さを感じさせない。台所に立つと、そこは玄関ポーチの正面にもなるので来客を出迎えることができ、同時に料理をしながら会話や食事を楽しむことができる、実にうまく配された合理的な台所である。3 階は浴室便所、4 階は主寝室、5 階は屋上テラスと子ども室、玄関以外は扉がひとつもなく、すべての空間は階段と吹抜けでつながっている。

各階に大きくとられた開口部はキラー通りから角度をふって真南に開けられ、街路樹や青山の街並みを見渡すことができる。このことが、東京の真っただ中にありながら、塔の家の住人に健康の保証と心の安らぎを与えることになったという。

写真(左上):キラー通りから見た塔の家（©MEHRDAD HADIGHI）
写真(右上):2 階から 1 階吹抜けを見下ろす（©MEHRDAD HADIGHI）

ホキ美術館

日建設計 ◆ 千葉県千葉市 ◆ 2010 年

千葉県千葉市緑区の「昭和の森」に隣接する住宅地の際に建てられている。医療用不織布製品など各種医療用キット製品メーカーのホギメディカルの創業者である保木将夫による私設美術館である。写実絵画専門美術館で、おもに日本の作家による作品約 480 点を所蔵し、日本の現役作家による当美術館のための描きおろし作品も多数ある。展示場兼収蔵庫にしていた保木氏自宅の隣家で年 2 回、近所の住民に披露していたことが話題となり、美術館設立が決定し 2010 年 11 月に開館した。
スチールのチューブ状の構造体で、支持点から 30 m ほど片持ちで張り出している特徴的な建築のフォルムを有しており、隣接する公園と連続しながら森を散策するように自然と絵画を鑑賞することが考えられている空間である。展示室内は写実絵画の緻密さを純粋に体感してもらうために、通常現れるピクチャーレールやワイヤー、壁面の目地までもが排除され、鑑賞時には絵画以外の鑑賞の妨げになるノイズが視界に入らぬように徹底してプレーンな空間に仕上げられている。

突き出しで見せる

住宅地の中に突如として現れる巨大なチューブ状のキャンティレバーは、見上げるとその壮大さは圧巻である。湾曲した建築全体の形が自然と内部空間へと誘われ、展示空間をめぐる中で気づかぬうちにチューブ状の空間の中にいることに気づく。
突き出しているチューブ状の部分はスチールでつくり、それ自体を構造体とすることで、途中に継ぎ目や柱や梁による区切りを見えないようにした象徴的な形をしている。その内部空間は、公園に面する部分の足下に連続窓が配されており、展示空間にいるものの、隣接する公園の風景が見え隠れしていることで、自然空間の中で絵画を鑑賞しているような感覚になる。住宅地のような日常の中に、絵画鑑賞に特化した徹底的に純粋な空間を建築の内外につくりだしている。
竣工時から比較して周辺の木々が育ち、象徴的な突き出しは少しずつ隠されていき建築全体が周辺環境に馴染む。それにより公園を散策しながら鑑賞する空間体験が期待される。

写真(左上)：住宅地側から見たチューブ状の構造体
写真(右上)：チューブ状の構造体は木々によって覆われ始めている

■ムザブの谷

ムザブ族 ◆ アルジェリア・ガルダィア ◆ 10〜11世紀

砂漠の丘に輝く土壁の美しい集落、ル・コルビュジエがこよ
なく愛し、原広司が集落調査を始めるきっかけとなった、知
る人ぞ知るムザブの谷。アルジェリアの首都アルジェの南約
600km、サハラ砂漠の中にあるオアシス都市である。10世紀
頃、ベルベル人の一族・ムザブ族が築いたと言われている。写
真はベニ・イスゲンと呼ばれる集落だが、ガルダイア、メリカ、
ブー・ヌーラ、エル・アーティフの5つの集落がある。いずれ
も身体感覚を刺激する土壁の美しい集落である。

小高い丘の斜面地にキュービックな形態の建物がひしめき合
い、頂上付近にモスクの塔が象徴的に立っている。魅惑的とも
いえる見事なランドスケープである。赤みを帯びた土壁は時間
により陰影を変え、西日が当たると美しい黄金色に輝く。視線
は自然に斜面に沿って上方へと導かれ、最後はランドマークの
モスクの塔にたどり着く。斜面を埋め尽くす赤土色の外壁は土
地の土の色だが、所々にブルーの建物がアクセントとなって見
え、ある種の均質性に視覚的多様性を与えている。

美しいキューブの集落

ムサブの谷は美しいキューブの集落として、五感の視覚に関連すると同時に、触覚、嗅覚、時間とも関連する。これらの集落はすべてイスラム空間で、ロの字型の中庭住居群で構成されている。街路は狭く迷路のようで、外敵からの防御と砂漠からの砂塵の侵入を防ぎ、日陰をつくるよう工夫されている。

外観は壁だらけで内部の様子はうかがえないが、街路の壁には風道となる小さな開口部があちこちに見られる。これらの穴は、街路、部屋、中庭に抜ける風道の役割を果たす。壁の一部のブルーは、アフリカやインドの暑い地域に「ブルーシティ」と呼ばれる街があるように、見た目の涼しさと体感温度を下げる効果がある。また、土壁の表面は凸凹とした手づくり感がありザラザラと触覚的だが、表面積が大きく放熱効果がある。

イスラム集落には独特のにおいがある。香辛料、革製品のにおい、ロバの糞などが嗅覚を刺激する。ムサブの谷も同様に、視覚や触覚だけでなく嗅覚をも刺激する身体感覚的空間である。

写真（上）：ムサブの谷　ベニ・イスゲンの全景

WoZoCo

MVRDV ♦ オランダ・アムステルダム ♦ 1997 年

オランダの首都アムステルダム市の西部地区に建てられた高齢
者用の集合住宅である。居住者個人の高い独立性を保持し、将
来は高齢者だけでなく若い世帯の入居にも対応できるようにと
設計された。名称の WoZoCo は、オランダ語の woonzorg-
complex（入居施設）による。現地では「オクラホマ」という
建物名称が付けられている。

周囲の建築物にも適切な日照条件を確保するための条例に基づ
き作成された当初の配置計画では、87 戸の住居しか収められ
なかった。そこで、13 戸の住居について北側のファサードに
飛び出させ、100 戸を確保することになったのである。宙に浮
いた箱は、大きなものでは 10 m 以上もあるキャンティレバー
によって上空に飛び出している。この手法によって、地盤面を
占領することなく当初不足していた住戸数を満たすことが可能
になったのである。

住戸間の界壁は防音のため構造上必要な厚さがプラス 8 cm 確
保されており、キャンティレバーのトラス接続に対応している。

凹凸を見る

この集合住宅の立地は、1950〜60年代に田園都市構想によって開発された地区である。北側の飛び出した部屋からは、アムステルダムの郊外らしい干拓地の風景が臨める。一方、建物南側には1990年代の終わりから解体と新しい建設が行われ、より多様な住居ストック地区となった街の風景がある。低層・高層の箱状集合住宅が建ち並び、街路樹が並ぶ車道が直交する区画整理された地区の風景である。

その風景の中でこの建築の突出したファサードデザインは建築の存在を主張し、ひとつのランドマークとなっている。住戸数の確保という条件を満たすために飛び出させた北側のダイナミックなデザインに対して、南側は窓の位置やバルコニーのサイズ、素材、色彩を交互に変えることで各部屋に個性を生み出し、建築全体の形に表情をつくりだしている。壁面からランダムに飛び出したバルコニーによってつくりだされる凹凸の陰影が、ファサードのデザインにリズムを与えている。

写真(左上)：北側壁面から飛び出した部屋
写真(右上)：色とりどりのバルコニーが並ぶ南側のファサード

ポンピドゥー・センター

レンゾ・ピアノ＋リチャード・ロジャース ◆ フランス・パリ ◆ 1977 年

フランス元大統領ジョルジュ・ポンピドゥーは、パリ市中心部に近現代芸術の拠点となる総合文化施設を構想し、1971 年に国際建築設計コンペティションが開催され、681 チームから当時 30 代の若手建築家であるレンゾ・ピアノとリチャード・ロジャースのグループの提案が選出された。この提案はハイテック建築と呼ばれ、構造や配管を露出し原色で彩色されたデザインは、パリ市民にとって当初は受け入れがたいものであった。現在はヨーロッパ屈指の近現代美術館、また図書館などを擁するメディアセンターとしてパリのシンボルになっている。
ポンピドゥー・センターはパリのランドマークの一つとして設計され、その最高高さは 42 m である。パリ中心部では、都市景観の観点から建物の最高高さが 25 m 以下に抑えられているため、他の建物と比較して際立っている。高さ 25 m 超の建築は、パリのノートルダム大聖堂やエッフェル塔などを含めて 5 つのみであり、ランドマークとしてパリの代名詞の一つになっている。

設備を見る

敷地を東西に二分割して、東側はポンピドゥー・センターが、西側は芸術を創発させるための広場になっている。広場は緩やかな傾斜がついて、センターの入口まで来訪者を自然に誘導する仕掛けになっている。構造は 48 m スパンのワーレントラス大架構で、大架構の内側に無柱空間が用意されている。立面は構造体とそれに抱かれるように配置された各種設備配管が露出して、近現代芸術を擁する建築として厳かな伝統的意匠ではない先進的な意匠になっている。

ボーブール通りに面する東側ファサードには各種設備配管が整然と並び、空気の流れは青色、水の流れは緑色、電気の流れは黄色、人々の流れは赤色で表現され、生命体の息吹を感じさせる。西側ファサードには赤い外部エスカレーターが斜めに延び、各フロアへ直接アクセスすることができる。1 つの玄関に門構えをつくる伝統的なヨーロッパ建築ではなく、多層に玄関を設けることで多様な交通を生み出し、文化の創発を促している。

写真（左上）：広場に面する西側ファサード
写真（右上）：露出する構造体と各種設備配管

せんだいメディアテーク

伊東豊雄 ◆ 宮城県仙台市 ◆ 2000 年

1995 年に磯崎新を審査員長として開催されたコンペの最終審
査における、伊東豊雄案と古谷誠章案の一度見たら忘れられな
い、まったく異なるが極めて斬新な 2 案の争いは、当時大き
な話題を呼んだ。今思えば、21 世紀の公共施設の変容を予告
するイメージが提示された瞬間だったといえるのではないか。
「『部屋』に代わって『場所』を規定する」と述べられたとおり、
機能が与えられた部屋の並置としての施設から、空間の質の濃
淡だけが与えられたひとつながりの施設への変容である。その
ための新しい構造が「チューブ」「プレート」「スキン」であった。
顕微鏡で覗いたプランクトンの世界のような、多種多様で各階
でまったく異なるプランと家具配置。各階ごとに異なる階高。
光が濃淡をもって散らばったような照明レイアウトとあわせ
て、どこにいてもわずかに異なる空間の質をつくりだした。利
用者が自らの気分に最もふさわしい場所を探しだしていけるよ
うな建築であり、その後日本中に広がった、居場所の提供を主
眼においた「滞在型」図書館の嚆矢といえよう。

構造を見る

「チューブ」と呼ばれるメッシュ状で中身が空洞の鉄の構造体が、「プレート」と呼ばれる鉄とコンクリートによる厚さ470mmの床スラブを支える。このチューブは通し柱のように建築全体を上下に貫き、その中を人や視線、光、空気が上下に移動する。チューブは透明化され、中に機能を内包した柱である。定禅寺通りに面したファサードは、なかば反射し、なかば透過するガラスの「スキン」である。

昼間はスキンが欅並木を反射し、その内部ではチューブの物質的な量感が際立って感じられる。夜になると、建築内外の視線の透過が完全に逆転し、ガラスの箱の中に漂うように林立したチューブが、重さを失って浮かび上がって見える。この夜景において、竣工の5年前に描かれた伊東豊雄によるスケッチ（50メートルキューブの水槽に漂う海藻のような柱）のイメージが現れ、海藻の間を動く魚のように、そこに集う人々の多種多様な「居方」が街から眺められる。

写真(左上)：図書館フロアの内観
写真(右上)：定禅寺通りからの夜景

三徳山三佛寺奥院投入堂

鳥取県東伯郡 ◆ 平安時代後期

投入堂は、標高899.9mの三徳山にある天台宗の古寺「三徳山三佛寺」の奥院である。山の断崖の窪みに建造された「懸造」の木製堂で、年輪年代測定の結果、平安時代後期（1086～1184年）に建立されたことがわかっている。

言い伝えによると、「三佛寺の開祖とされる役行者が、山の麓でつくったお堂を法力で手のひらに乗るほどに小さくし、大きな掛け声とともに断崖絶壁にある岩窟に投げ入れた」とされており、この言い伝えが由来で「投入堂」と呼ばれているが、実際にこの断崖にどのようにしてお堂を建設したのかについては、今もなおわかっていない。

また、三徳山は修行の場所として位置づけられており、投入堂も険しい山道を登った先にある。道中には、木の根や岩をよじ登ったり、鎖を頼りに進まなければならない箇所もあるため、実際に滑落事故などが発生することもあるという。このため、参拝（入山）の際には事前に服装などのチェックを受け、登山用シューズやわらじを履いて登山することになっている。

不安定を見る

通常の山登りでは、さわやかな開放感などが感じられることと思うが、投入堂への道中では、所々に「滑落注意」の看板を脇に見ながら歩を進めることになる。

大自然に囲まれる爽快感と同等かそれ以上の緊張感をもちながら、日常の雑念を忘れて目の前の険しい道のりを乗り越え、ようやくたどり着くと、目に飛び込んできた投入堂の「不安定さ」は、よりいっそう神秘的な力を感じさせる。

また、登山道の途中にもいくつかのお堂が残っている。そのうちの一つ、三徳山三佛寺文殊堂は絶壁の上につくられており、投入堂と同様、懸造となっている。周囲にめぐる回廊は、水はけのためにやや外向きに傾斜がかかっていて、ここでも日常感じることのない「不安定さ」を感じることになる。

断崖に建つ投入堂や柵のない回廊を歩く自分など、日常にない不安定さの中に立つ力強さを肌で感じたとき、私たちがもっている「力」の大きさに気づかされるのではないだろうか。

写真（左上）：三徳山三佛寺奥院投入堂（© 三徳山三佛寺）
写真（右上）：三徳山三佛寺文殊堂（© 三徳山三佛寺）

視覚　聴覚　触覚　嗅覚　味覚　時覚　手修

ネルトリンゲン

市壁に囲まれたほぼ円形のネルトリンゲンは、1500万年前に落下した隕石のクレーターの跡にできた街といわれ、その直径はおよそ500mである。街を取りまく円状の市壁がそり立ち、外部と接続する楼門をもつ5つの出入口があり、市壁は街の内外を望む11の塔をもつ。この市壁は回廊をもち、内部の階段から登り街をめぐる壁の上を一周歩くことができる。回廊は内側には開いているが、外側には銃口と思わしき小さな窓があるだけで、壁が周囲から街を守る役割をしていたことがわかる。街の中心にゴシック教会である聖ゲオルク教会とその尖塔が立つ。尖塔には登ることができ、その頂上の見晴台から旧市街の街並みと市壁、またその外に広がる風景を見ることができる。

まとまりとして見える景観

市壁の楼門を通り抜けて旧市街を歩くと、通りに沿って赤がわらで、白または黄色壁の三角屋根の切妻の伝統的な建物が並んで見える。それぞれの形は少しずつ異なるが、色と素材が均質なため、まとまった景観としてとらえられる。さらに進み、中心にある教会の尖塔の頂上の見晴台に登ると、驚くほど円形の市壁をもつ旧市街を眼下に一望できる。よく見ると建物の形は一つ一つ異なるが、赤がわらの屋根が強調され、一色の甍が一面に広がる風景となる。建物が建つ街中の道は縦横に入り組んでいて、小さな広場も点在し、建物が縦、横、斜めとさまざまな方向を向いているが、1つの共同体としてまとまりを感じさせるところがおもしろい。

見晴台は一周できるため、歩きながら街全体を見ることができる。一瞥できる範囲はおおよそ4分の1程度である。尖塔が街の中心にあるため、歩いて回る間、市壁と教会の間にはさまれた旧市街地の位置関係が変わらず、街が回転しているような不思議な感覚を覚える。

写真（左上）：ネルドリンゲン旧市街地と市壁の内外をつなぐ楼門
写真（左下）：塔から一望したまとまりのある赤がわら建物の旧市街

視覚　聴覚　触覚　嗅覚　味覚　時間　多様　　　　　1 視覚　　35

京都駅ビル

原広司 ◆ 京都府京都市 ◆ 1997 年

1990 年に JR 京都駅改築に伴う国際指名コンペが 7 名の建築家によって行われ、原広司設計の 4 代目 JR 京都駅ビルが1997 年に竣工した。計画時より大規模建築は古都の景観を損なうとして反対意見も根強く、周辺環境との調和が最大の争点であったが、原広司案は高さを 60 m 以下に抑え、南北に通る烏丸通りに合わせて建物を分割し、視線の抜けを設けるなど景観への配慮がなされている。

北側のガラスのスクリーンは角度が変わるよう三分割され、建築を一つの固定された実態としてとらえるのではなく、原広司の設計思想である「様相」を表す雲の流れが映し出されている。ファサードに映し出される雲の流れは、さまざまな角度で構成されるガラスを通って内部空間へと到達し、時間軸上に展開された場としてコンコースを変化させる。世界最大級のコンコースが市民や観光客へ開放され、行き交う人々が変化する場を構成する一要素となっている風景は、原広司の設計手法の真骨頂であるといえるだろう。

連続性を見る

京都市の中心部に位置する京都駅ビルは、平安京より続く条坊
制のマトリクスを立体化し、建築化することによって歴史を顕
在化させようとしており、外観においては東西 470 m の巨大
な建築物を分割している。コンコースの吹抜けには東西両側に
階段が設置され、西側の大階段は 171 段、高さは 35 m あり、
地上 45 m には東西をつなぐ空中経路が通っており、北側に広
がる京都の景観が一望できる。
巨大な鉄骨フレームとガラスファサードで覆われたコンコース
には不規則にステージが設置され、駅舎というよりも劇場のよ
うな不思議な感覚を味わうことができる。大小さまざまな場が
色彩豊かに設計されている点も大きな特徴である。京都駅ビル
によって南北が分断されることなく連続性を感じられるのは、
内部空間が東西南北のどの方角にも開かれた場として設計され
ているからであり、均質化された空間ではなく、人々が思い思
いの場を探索できるよう設計されているからであろう。

写真（左上）：京都駅の北側ファサード
写真（右上）：東広場から見るコンコース

つくばセンタービル

磯崎新 ◆ 茨城県つくば市 ◆ 1983 年

多くの研究機関・大学が立ち並ぶ筑波研究学園都市のセンター地区に設けられたコンサートホール、商業・業務施設、ホテルなどからなる複合施設である。設計者は、2019 年に建築界のノーベル賞と言われるプリツカー賞を受賞した磯崎新である。

過去の建築様式の隠喩的・象徴的な引用が取り入れられており、例えば建物の中心に設けられた広場（フォーラム）は、ミケランジェロ設計によるローマのカンピドリオ広場を模したものとなっている。また、広場の壁面に積み上げられた石は筑波山、その横を流れる池は霞ヶ浦を暗示させるものと言われている。正三角形や正方形、円形といった幾何学的なデザインが多用された窓や空間の形状と相まって、わが国におけるポストモダン建築の代表的な作品とされる建物である。

反転を見る

設計者の磯崎はこの建物について、「中心を空間にし、空間の中に向かって消滅していくような反転した空間をつくり上げた」と記しているが、その反転させ方が興味深い。

まず、通常は中心にシンボル的な施設が建てられがちであるが、つくばセンタービルでは中心にセンター広場を設け、周囲を建物が囲うという反転された構成となっている。

また、前述の通り中心の広場はローマのカンピドリオ広場を模したものであるが、カンピドリオ広場が丘を登った場所にあって、中心に銅像が建っているのに対して、この広場はすり鉢状で計画され中心に噴水が設けられており、凸凹を反転させた構成となっている。さらに、カンピドリオ広場の敷石は黒色地に白色の幾何学模様が描かれたものであるのに対して、この広場は同様の模様を白黒反転させて描いた模様となっている。

ほかにもさまざまな仕掛けが施されており、実際の空間に身を置いて「これは何だろう」と謎解きに興じるのもおもしろい。

写真（左上）：周辺建物を含む全景（© 恒松良純）
写真（左下）：つくばセンター広場（© 郷田桃代）

視覚　聴覚　触覚　嗅覚　味覚　特殊　多様

シドニー・オペラハウス

ヨーン・ウツソン、オヴ・アラップ ◆ オーストラリア・シドニー ◆ 1973 年

ポート・ジャクソン湾に面するベネロング岬の上で、貝か、帆
の群れのように白い曲面屋根が光り輝くシドニー・オペラハウ
スは、世界中から訪れる人々を魅了している。国際コンペの優
勝作品から世界遺産へ、という華麗な伝説を語るこの建築は、
天才建築家ヨーン・ウツソンによって創案された建物の形が、
世界的構造家オヴ・アラップによる技術的な支えで実現され、
劇場の機能と形態の美しさがともに追求されたものである。
建物の形態は、茶色の岩石のような基壇上にある、大・小ホー
ル、レストランをそれぞれ覆う 3 セットの屋根ヴォールト群に
よって構成され、極めて単純かつ明快である。巨大な屋根ヴォ
ールトは建築家によって卵の殻のようなシェルから発想され、
構造家の提案に沿って扇の骨のようなリブで強化され、また建
築家の提案にしたがって球体の一部という幾何学的規律を与
え、美しさを保ちながら頑丈に建つことができた。基壇となる
エントランスホールは、立体的に折り曲げられたコンコース梁
によって、50 m の無柱空間でできている。

メタファーを見る

シドニー・オペラハウスの屋根の形は、遠くから見ると、膨らんだ帆船の帆、または開いた貝を連想させる。近くから見ると、屋根のリブは放射状の骨をもつ扇子のように見える。劇場の機能から出発し、舞台、鑑賞ホール、入口ホール、ラウンジのそれぞれの天井高に合わせた屋根の高さが決められ、合理性と美しさを備える、言わば、才色兼備のデザインができた。独創的な構造設計によってコンクリート躯体の素直な形が表現され、「形式は機能に従う」という近代建築の時代では画期的な存在になった。

屋根を覆うのは淡いコントラストの組合せとなる2種類のタイルで、朝から夕方まで絶えずに変化し、太陽・雲・海の色を映し出す。球面を成すタイルのパターンは、白鳥の羽のような美しい模様で人々の目を楽しませる。羽を広げた白鳥を彷彿させ、海に佇んで、また羽ばたいて飛んでいくようなダイナミックな姿に、絶賛の声は後を絶たない。

写真(左上)：エントランス広場
写真(右上)：エントランスホール

ロンドン動物園ペンギンプール

バーソルド・リュベトキン, オヴ・アラップ ◆ イギリス・ロンドン ◆ 1934 年

楕円形プールの水面の上で、カーブを描く 2 本のスロープが支えもなく空中で交差する。スロープも周囲の壁も白く塗られた鉄筋コンクリート（RC）造で、重量を感じない造形である。1934 年にペンギン飼育のためにつくられ、現在も記念碑的モダニズム建築として修復され、動物園内に保存されている。

スロープは、外周が内周より薄い台形断面で軽快に見える。高さの異なる 2 箇所からの片持ちで、端部を支えるコンクリート塊が壁の中に埋め込まれている。その平面形は、意外にも直線と半円からなる単純な U 字形で、半円部分で交差している。

リュベトキンは敷地にあったニワウルシの葉の形に想を得た。アラップは RC のプレートやシェルの造形に関心をもっていた。建築家と構造エンジニアとの共同が生んだ建築である。

造形を見せる構造

リュベトキンはロシアからイギリスに移住し、若手建築家たちとテクトンを組織している。1930 年代にテクトンとアラップが設計したハイポイントの集合住宅は、イギリスの初期モダニズム建築の代表的なものである。ロンドン動物園にゴリラ・ハウスも設計している。リュベトキンはコルビュジエと面識があり、ロシア時代には構成主義の影響も受けている。

一方のアラップは、戦後にシドニー・オペラハウスの設計で建築家のウツソンと組んでいる。1963 年からはエンジニア集団のアラップ・アソシエイツを率いた。

ペンギンプールは構造の可能性を示す美しい造形が賞賛され、飼育管理の機能性も評価されたが、2004 年にはペンギンの飼育に使われなくなった。現在の動物園では、動物が本来生息する生態系を表現する生態展示や、動物の行動特性を見せるよう工夫した行動展示が主流となったためである。20 世紀モダニズムの造形が、用途を失っても美しく見えることが興味深い。

写真（左上）：修復され保存されている（© 郷田桃代）
写真（左下）：かつてはスロープにペンギンが歩く姿があった（© 郷田桃代）

大徳寺・龍源院の石庭—東滴壺

鍋島岳生 ● 京都府京都市 ● 1960 年

500 年前の京都に龍源院は創建され、大徳寺の中で最も古い
寺となっている。昭和 35 年、方丈の東側に東滴壺と名付けら
れた現代坪庭の傑作が誕生した。4 坪ほどで細長く（約 1.8×
7.9 m）、国内で最も小さい石庭と言われている。
白砂敷きの枯山水の石庭に 2 つの円状の渦が対峙し、水流のよ
うな砂紋がこの 2 つの渦を結び、渦の中心にはそれぞれ飾り石
が置かれている。一滴が水面に落ちて波紋が広がる様を表現し
ていることが庭の名前の由来となっており、禅の世界に「一滴
一滴の水が大海につながる」という悟りを語ってくれる。
真上にある庇間の細長い隙間は、正午前後の太陽光を時針のよ
うに石庭に落とし、時刻を語る。また庇は陰影をつくり、陰影
の中、自然の風と光を感じさせる和風空間の風味が漂っている。

想像を誘発して見る

正午を過ぎると、石庭に差し込む時針のような光帯は、一刻一
刻動き、いつの間にか石庭の脇へ達し、ついには石庭の白砂か
ら出てしまい、時の移ろいを気づかせてくれる。光の時針とい
うよりは、むしろ光の刀とも感じられ、一瞬の輝きや時の通過
の速さを痛感させられる。光の刀は、滞在しているこの瞬間に
白砂の紋様の明と暗をはっきり分け、美しいテクスチャー、そ
して見飽きない光景を彫り出す。この光景に向かうと、一滴の
水、一滴の水を受ける海の姿が浮かび上がる。一刻ごとの光の
刀の動きは、万物の成長が止められないこと、また生老病死が
止められないことも連想させる。一滴の水でも渦を生み出し、
一個の善事でも人の助けとなり、一滴の水でも集めれば海にな
り、一息の努力でも集めれば夢の未来へ導く。
陰影の中で、白色の円渦、灰色の飾り石、そしてこの無限の世
界を潜める「東滴壺」に向かうと、発想が止まらず、時が一刻
ずつ静かに過ぎていく。

写真（左）：正午過ぎの日が差し込む光に刻まれた石庭

ジェームズ・タレルの窓

ジェームズ・タレル ● 石川県金沢市、香川県香川郡など

ジェームズ・タレルは、光を素材として用いたさまざまな空間を提示し続けているアーティストで、金沢21世紀美術館にある「ブループラネットスカイ」や、瀬戸内海に浮かぶ直島にある地中美術館の「オープンスカイ」で類似した作品が見られる。どちらもひとつの空間そのものが作品となっていて、部屋の頂部に大きな正方形の開口が開けられており、そこから切り取られた空を眺めることができる。

何もない四角い部屋の天井と壁の上部は白で統一されており、四辺には石造りのベンチが壁と一体となってめぐらされている。ベンチの背もたれは、やや後ろ向きに傾斜がつけられていて、私たちは、そこに腰掛けてのんびりと空を見上げられる。

切り取りを見せる

金沢21世紀美術館は、まちとのつながりを意識して設計された建築だが、この静かな部屋に一歩足を踏み入れ、日常の背景がひとつもない「ただの空」を目にすると、普段気づかなかった空の変化が非常に大きなものであることを感じさせられる。流れゆく雲や、時間が経つにつれて変化する光と影は、天気や季節によってまったく違う景色を見せてくれる。なかでも昼と夜の違いは印象的で、先ほどまで雲や影が動いていた額縁からは、打って変わって凛として動かない夜の紫が浮かび上がる。こうした情緒的な空間を生み出す一番の要因は、窓の縁に一切断面が見えないことだろう。こうしたディテールへのこだわりに、落日に合わせて灯る室内照明の変化も加わって、なんともいえない非現実が感じられるのである。

また、真っ白な天井や壁の中に浮かび上がる四角く切り取られた空、という抽象化された空間を見上げるときに腰掛けるのが、素材の感触を感じる石造りのベンチ、という対比も、「視覚」とはやや異なる視点ではあるが、おもしろい点である。

写真（左上）：タレルの作品を展示する金沢21世紀美術館（© 金沢市）
写真（左下）：金沢21世紀美術館中央部の開放的な光庭（© 金沢市）

富士山世界遺産センター

坂　茂 ◆ 静岡県富士宮市 ◆ 2017年

「信仰の対象と芸術の源泉」として2013年に世界文化遺産に登録された富士山を、国内外に発信する拠点として建築された。噴火を鎮めるために建立されてきた浅間神社の起源となる、富士山本宮浅間大社の既存の大鳥居に隣接して、20km北東に富士山を眺望する場所に建つ。

なによりこの建築を印象づけるのは「逆さ富士」である。逆さ富士型の建築を、富士山からの湧水による水盤に映し、富士山型を出現させている。その内部が展示空間である。

斬新なアイデアと新しい空間イメージを次々に具現化してきた建築家であるが、その背景にはいつも、緻密でオリジナリティあふれる技術的アプローチがある。この逆さ富士をつくりだす構造は鉄骨だが、表面は富士ヒノキの格子で覆われている。このヒノキ格子は、同じ形状が2つしかない、3次元加工された8,000個の木材で構成されている。不安定な逆円錐を支える構造をはじめ、極めて高度なエンジニアリングに支えられて、この建築は成立している。

倒景を見る

「逆さ富士」を、さらに逆さにして富士を見る、という「倒景」
の体験である。さらにその逆さ富士の中に入り、逆円錐形の内
部空間にあるらせん状スロープによる上昇が登山の疑似体験と
なっている。その疑似体験は、逆円錐形の壁面に投影された実
際の富士登山の際に見られる景色と、そこへの自らの影の投影
によるもので、没入感が生まれている。

展示空間を抜けて登頂した空間には富士山を眺める大きなピク
チャーウィンドウがあり、その部屋の光沢のある床に再び、そ
して今度は本物の「逆さ富士」が映る。こうして、いくえにも重
ねられた「倒景」を通じて富士山を体験する建築となっている。
この「倒景」は、凪の瞬間に立ち現れる魅力的な景観であり、
葛飾北斎も描いた逆さ富士のほかにも、平等院鳳凰堂や厳島神
社、金閣寺など、反射が建築をより美しく際立たせている例が
ある。さらには、棚田に見られる「田毎の月」など、古くから
日本人が親しんできた知覚の形式といえるだろう。

写真（上）：水盤に映る外観

ユダヤ博物館（Danish & Berlin）

ダニエル・リベスキンド ◆ デンマーク（2003 年）、ドイツ（2001 年）

世界各地のユダヤ博物館のなかでも近年、コペンハーゲンとベルリンに建設された博物館は、記号論的な形態を有している。記号論的な形態とは、デザインとして象徴化された記号と、それが指示する空間との関係を示す意味である。そして、記号論的な形態として、これらユダヤ博物館に埋め込まれた意味は、「秩序と混沌」「愛と憎悪」というまったく異なったものである。ユダヤ博物館（Danish）は、王立図書館（ブラック・ダイアモンド）と隣接する旧館の一画を占める 17 世紀の王立ボートハウスに位置するインテリア空間である。そこには、おもにナチス占領下でも全国規模で多くのユダヤ系市民を中立国のスウェーデンへ海路避難させたデンマークの歴史的記憶が残されている。ユダヤ博物館（Berlin）は、カレジアンハウスと呼ばれるバロック様式の旧棟に増築されたものであり、デンマークの場合とは異なり、20 世紀の最もおぞましく悲惨なホロコーストの記憶が内包されている。この増築棟の外観は鈍く光るチタン亜鉛合金で覆われ、鋭角に折れ曲がる異様な形態を有している。

覗き見る

これらユダヤ博物館に共通する空間的特徴は、ともに見通しが
きかない迷路状の構成であるといえるが、その空間デザインが
象徴する意味は根本的に異なる。ユダヤ博物館(Danish)の場
合、その中心となる展示空間は、一見、無秩序な構成に感じら
れる。しかしながら、その空間にはユダヤの戒律を示すヘブラ
イ語の「Mitzvah(ミツバ)」が象徴化されており、厳格な規律
が埋め込まれている。一方、ユダヤ博物館(Berlin)の場合、そ
の外壁には、まるで強引に引き裂かれたかのような無数の亀裂
が無造作にはしる。この異様な外壁は、殺戮の後、生命の気配
がまったく感じられなくなった廃墟を象徴化するかのようでも
ある。また、内部空間の様相も虚無的でさまざまな軸線が交差
し、時代に翻弄される人々の混乱する状況が象徴化される。
訪れた人々は、これらユダヤ博物館の見通しがきかない迷路状
の展示空間をさまよい歩き、象徴化されたさまざまな空間の断
片を覗き見ることによって異なる意味を読み取ることとなる。

写真(左上):迷路状に構成されたユダヤ博物館(Danish)の展示空間
写真(右上):無数の亀裂がはしるユダヤ博物館(Berlin)の外壁

ソーク生物学研究所

ルイス・カーン ◆ アメリカ・カリフォルニア州 ◆ 1965 年

南カリフォルニアの太平洋を見下ろす丘の上に建つ研究所である。建物の間を抜けてまっすぐに水平線へと向かう景観が、この建築の象徴的な姿を映しだしている。全体の配置は、同型の2つの研究棟が中庭をはさんで向かい合い、完全な対称形である。研究棟は、中庭側の個室の研究室群からなるゾーンと、奥側の大きな共同研究室のあるゾーンに分離され、両者は外部廊下やブリッジで接続されている。共同研究室ゾーンは、研究フロアと機械・設備フロアとに機能分離し、交互に積層させることで、ルイス・カーンが提唱したサーブドスペースとサーバントスペースという概念が実現されている。一方、個室ゾーンはヒューマンなスケールと素材で個室空間が形成されている。

外観は、コンクリート打ち放しの外壁と、そのフレームにおさめられた開口部の木製建具とが際立った対比をなしている。また、1階レベルと3階レベルには吹きさらしの回廊が中庭の周りをめぐる形式をとるが、45度ふれた壁の存在によって個性ある空間が展開されている。

通景を見る

　２棟の建物が向かい合う中庭には、中央の細い水路以外に何も
ない。トラバーチンの白い床に設けられた水路の先は、水平線
まで視界が開け、太陽が沈む。ここを訪れるだれもが中庭の一
角に佇み、空と海の境界に向かうビスタ（通景）に目を奪われる
ことだろう。ビスタをつくる建物は、実に巧妙に仕掛けられて
いる。全体のグリッドから45度ふれたコンクリートの壁面が
いくえにも重なり、視線を誘い、地平を切り取る。コンクリー
トの無機質な外観は、空にも海にも対峙できる存在感を見せて
いるが、木製建具の開口部の多くがその裏側に隠れている。
中庭のランドスケープの設計に際し、建築家ルイス・バラガン
は、「ここには何も置かず、ただの広場であるべきで、そうす
れば空へのファサードになる」と助言した。そして、ルイス・
カーンが、おびただしいスタディの後、最終的にたどり着いた
のも水路以外に何もない広場であった。そこには、空と、地平
と、建物が一体となった風景が、時を超えて存在している。

写真（上）：研究棟が向かい合う、海に開かれた中庭　中央には水路がある

中銀カプセルタワービル

黒川紀章 ◆ 東京都中央区 ◆ 1972 年

日本の高度経済成長の真っただ中、1972 年に東京都心で竣工した中銀カプセルタワーは世界初のカプセル型集合住宅であり、メタボリズムの代表的な建築物である。メタボリズムとは黒川紀章、菊竹清訓ら当時若手の建築家、都市計画家が提唱した考え方であり、社会、人口の変化に合わせて有機的に成長する建築・都市を構築するものである。中銀カプセルタワービルでは、部屋は中央の垂直コアに接続されたカプセルとして制作され、カプセルごとに交換できる設計となっている。1 つのカプセルの面積は 10 m^2 と小さいが、当時の最先端のテレビ、ラジオ、テープレコーダー、電話、エアコン、ベッド、冷蔵庫などが造り付けられていた。中央コアは、階段、エレベーター、給排水、電気など、基本的な設備で上下をつないでいる。

新陳代謝を見る

汐留駅に近い首都高に沿った大通りを歩くと、異彩を放つ形態の中銀カプセルタワービルが見えてくる。中央のコアの周りに集合住宅の部屋のユニットが連なり、凸凹状の外壁を見せている。ユニットを交換することで、通常固定化されている建築物が生物のように新陳代謝するという考え方は、メタボリズムの嚆矢として建築された。中央のコアが固定的なインフラストラクチャーの役割をなし、カプセルは社会状況に合わせて順次交換される。残念ながら、変化に合わせて交換できるとされたユニットは、構法上の問題から一度も交換されないまま、老朽化し現在を迎えている。

世界デザイン会議で日本から提唱されたメタボリズムとして、大阪万博のエキスポタワーや「海上都市」「塔状都市」計画などもその例であるが、実際に建築されたものは多くはない。ただし、その理念は戦後日本の復興・未来を見すえた提案として注目され、現在も国内外で深く息づいている。

写真(左)：中銀カプセルタワービル（© 鈴木弘樹）

ヴィトラハウス

ヘルツォーグ ＆ ド・ムーロン ◆ ドイツ・ヴァイル アム ライン ◆ 2010 年

ヴィトラハウスは家具ブランドのヴィトラ社がもつヴィトラ
キャンパスの敷地内にあり、ショールームとしての展示スペー
スなどに使われている。キャンパスには、ヴィトラハウスのほ
かに、ザハ・ハディド、フランク・ゲーリー、バックミンスター・
フラー、アルヴァロ・シザなど著名な建築家たちによる建築物
が多々あり、建築のパビリオンといえる敷地になっている。な
かでもヴィトラハウスは、12 のハウスが積層されるように構
成され、5 つのハウスが地上に、続けて 3 つ、2 つ、1 つ、1 つ
と、5 層の構造になっており、キャンパス内でもそのボリュー
ムの大きさや特徴からひときわ目立った存在となっている。

多方向を見る、見せる

ヴィトラハウスを構成する 12 のハウスは、長さ、幅、高さや
屋根などが異なる。特に、上に積層されている 7 つのハウス
は、細長く伸びた形状をしている。長い壁のうち、2 つの窓が
ハウスで囲まれたエントランスが見えるオープンスペースを望
めるように配置されているが、それ以外の 7 つのハウスの両端
は計 14 の方向が見えるようになっている。
ハウスは単純に積層されているのではなく、上下のボリューム
が絡み合い、交わったボリュームはその共通部分を取り除くと
いうルールで、内観は基本的には見通しが良く、内部にいると
長手方向の 14 箇所から入る光や方向性が感じられやすい。床
に穴は開けないが、最上階は床に吹抜けをつくって上から眺め
られるようになっている。ほかの階では、床に穴を開けない代
わりに、直下で合わさっている部分にガラスをはめることで、
下の階から見るとハイサイドライトのようなかたちで直上階が
見える。さまざまな空間的連続のパターンが用意されており、
14 の方向だけではなく、通り過ぎた場所やこれから行く場所
を感じながら移動が楽しめるようになっている。

写真（左上）：各ハウスのフォルムがわかるヴィトラハウスの外観
写真（左下）：複数のハウスが交わっている場所

小田原文化財団 江之浦測候所

杉本博司＋榊田倫之 ◆ 神奈川県小田原市 ◆ 2017年

小田原市江之浦地区は、箱根外輪山を背に相模湾を望む東洋の
リビエラとも呼ばれる類い希なる景観を有している。この大自
然を借景に、杉本博司が海と自然と天空を展望するための特別
な場所として構想から10年を費やして設計したのが江之浦測
候所である。待合棟、ギャラリー棟、舞台、隧道、茶室、庭園、
門、塚などから構成され、「現在では継承が困難になりつつあ
る伝統工法をここに再現し、将来に伝える使命を、この建築群
は有する」と解説される。この場所は単なる博物館や展示場で
はなく、真の伝統工芸と自然との融合を見て・感じて・体験し
て、さらに未来に継承するための特別な場所なのである。特筆
すべきは、「石」の強い存在感である。使用される石材は古材
を基本として、数十年にわたって収集された古墳時代から近世
までの考古遺物および古材が使用されており、江之浦の景観に
呼応するように配置されている。

可視化を見る

江之浦測候所は東海道線根府川駅から斜面を登る山上にある。
ガラス張りの待合棟で一通りの説明を受けた後は、見学に決
まった順路はない。気の赴くままに歩き佇み座り眺めて、伝統
工芸と自然の融合を感じながら、ゆっくりと流れる時間に身を
任せる。その行為は、何か違った次元のこれまで体験したこと
のないとても大切なものとの遭遇のようにも感じる。
広大な敷地には、杉本が長い年月を費やして集めた数々の大切
な宝物が慎重に置かれている。檜の懸造の上に光学硝子が敷き
詰められた舞台は、冬至光遥拝隧道と平行に冬至の軸線に沿っ
て相模湾に突き出して配置され、まるで硝子舞台が空中に浮か
ぶように見える姿は神々しく圧巻である。そして冬至の朝、相
模湾から昇る陽光は70mの隧道をまっすぐに貫いて届き、人
類の古の記憶を可視化して蘇らせる。

写真（左上）：光学硝子舞台　　（左下）：冬至光遥拝隧道　冬至の日の出
(©Odawara Art Foundation / Courtesy of N.M.R.L.)

KYOAI COMMONS

乾久美子 ◆ 群馬県前橋市 ◆ 2011 年

共愛学園前橋国際大学 4 号館設計プロポーザルの最優秀賞案として選ばれた乾久美子建築設計事務所の提案を元に、2011 年に竣工した学生や教職員が集う「COMMONS」である。現代の大学では、教室で机に向かって講義を受けるだけでなく、学生どうしのディスカッションや講義以外の時間も含め、主体的な学びの場を提供することが求められるようになってきた。

KYOAI COMMONS は、「集いの場」と「学びの場」という 2 つの側面をもち、食堂や教室、メディアセンターなどが短冊状に並んだ 5 棟の細長い建物の連なりの中に配置されている。隣り合う棟は壁によって仕切られておらず、間仕切り兼構造壁である「壁柱」が、各棟の間をはしる通路に直交する向きで配置されることで、緩やかに分節されている。

また、この大学ではキャンパス全域に無線 LAN が整備されている。学生や教職員に、いつでも、どこでも、ネットワーク環境が提供されていることも、従来とは異なる多様なかたちの学びを実現するうえで、重要なポイントとなっている。

活動を見せる

棟ごとのプランに応じて、壁柱が異なる間隔で配置されている
ため、隣り合う空間がつながったり、隔てられたりと、多様な
関係性が創出されていることや、上階の通路から下階の活動を
見渡せることが、KYOAI COMMONS の大きな特徴である。
グループ学習エリアでは、移動可能な机や、ホワイトボードと
しても使えるパーティションを配置することで、学生たちの自
由な学びを促進している。また、各所にプロジェクタが設置さ
れているため、居室として設置されている教室以外の空間で
も、授業やゼミなどが日常的に行われている。
開放的な環境での学びの実践を通して、後輩が先輩たちの姿を
直接目にすることができるため、自らの学びの具体的なかたち
を想像でき、互いに刺激し合える学習環境が実現されている。
加えて、駅から大学への動線の中で一番最初に見える建物でも
あることから、外部に向けて学生たちの活動をディスプレイす
る「大学の顔」としての機能も果たしているといえるだろう。

写真(左上)：1階フリースペース（© 共愛学園前橋国際大学）
写真(右上)：2階から見たグループ学習の様子（© 共愛学園前橋国際大学）

PRADA Transformer

OMA ◆ 韓国ソウル市 ◆ 2009 年

16 世紀の史跡である慶熙宮に隣接して建つ仮設のパビリオンである。歴史的なコンテクストのなかで韓国の伝統的意匠とは対照的なデザインで、文化横断的なイベントを収容できるように平面形態を変形可能なように設計されている。

PRADA Transformer は最高高さ約 20 m の正四面体の形態であり、正四面体のそれぞれの面に円、四角形、六角形、十字の 4 種類の幾何学が鉄骨で組まれて全体の構造体を構成し、白色の透過性のある膜で覆っている。正四面体の一面を地面に接地して配置することで、4 種類のフロアプランをつくることができ、一面をフロアプランとして固定すると、ほかの三面は壁と屋根を兼ねるものになる。イベントプログラムに適したフロアプランを選び、柔軟にトランスフォームすることが可能なパビリオンである。ここでは、円形プランがファッションイベント会場、四角形プランが映像を上映する会場、六角形プランがファッションショー会場、十字プランがアート展示会場に割り当てられている。

変化を見る

PRADA Transformer は、ひとつのイベントが終了すると、3台のクレーンでリフトアップして回転させることで、次のイベントへ向けた形態に変形する。正四面体はどの面をフロアとしても同形であるため、変形を前提にした構造的な合理性を備えている。変形は比較的大がかりな工程であるが、変形自体もイベントになる。来訪者にとって、いつもと同じ場所で、同じ形態のパビリオンが異なる空間で迎えることは特異な体験になるだろう。以前訪れたときの床が天井の一部になっており、空間が回転している体験は、PRADA Transformer が以前と「同じであると同時に違うもの」であることを認識させる。

近代建築は、単純な箱の中に何もつくらないことで多様な機能を収容することを可能にした。PRADA Transformer は、機能を正四面体の各面に割り当て、回転することで多機能性に応えている。複数の機能をひとつの空間に収容するためのひとつのモデルである。

写真（左上）：六角形をフロアプランにした全景（©Hong Kyung-Ha）
写真（右上）：ファッション展示会場（©Hong Kyung-Ha）

2
聴覚

　　　　　人は建築・都市空間を体験する際、多感覚から
　　　情報を得る。そのため、魅力的で心地良い空間づくりには、
　　　　視覚だけでなく、聴覚的な情報も欠かせない
　　　要素の一つである。聴覚は、特定の対象に注意を向けなくても
　　得られ、注意を向けた対象の音は大きく明瞭に聞こえる
　　　特徴をもつ。また、聴覚的な情報からは、音の強さ、
　　音色、音方向、リズム、言語などを認識し、それらによって
　　　空間の広がりや雰囲気などを感じとることができる。
　　　　　ここでは、なかでも聴覚的に演出された
　　　建築・都市空間のデザイン手法について解説する。

ムジークフェラインスザール

テオフィル・ハンセン ◆ オーストリア・ウィーン ◆ 1869 年

ウィーンの中心地区リング通り沿いにある「音楽の都」を代表する国立歌劇場や、オットー・ヴァーグナー設計によるユーゲントシュティールの特徴的な装飾のカールスプラッツ駅からほど近くにあるクラシック音楽専用ホールである。素晴らしい響きをもつコンサートホールとして世界的に知られている。

その要因は、側壁間の幅の狭さからくる素早い一次反射音、低いバルコニー下面の有効な反射と女神像の列柱の反射音の拡散効果などがあげられる。楽友協会ホールと呼ばれ、1,680 席の典型的なシューボックス型ホールである。指揮者や演奏家にとって、ここで演奏できることはステイタスでもある。日本を代表する指揮者小澤征爾が 2002 年にウィーン・フィルハーモニーとともにニューイヤーコンサートを行ったことでも知られる。

絢爛たるホールで音を楽しむ

黄金のホールとも言われる大ホールは、金色眩い色調で装飾され圧巻である。正面には金色のパイプオルガンが置かれ、両側の壁沿いには金色に塗られたカリアティードと呼ばれる女神像の列柱が並ぶ。天井に目を向けると、金色で縁どりされた O.アイゼンメングルが描いたフレスコ画が並ぶ。まさに音楽の殿堂としての風格が感じられる。

客席がオーケストラに向かって平行に整然と並んでいる。コンサートホールは音楽を聴き楽しむものとされがちだが、演奏者の華麗なパフォーマンスを見られるということも、臨場感を享受するうえで計画的配慮が必要であろう。残念ながら 1 階の平土間席からは、前方の聴衆の頭部がオーケストラへの視線を遮る。オーケストラがさまざまな客席から見渡せるアリーナ型（ヴィンヤード）の代表例であるベルリン・フィルハーモニーホールと比べると、その座席配置の違いは一目瞭然である。しかし、この絢爛たるホールでの音楽鑑賞はぜひとも体験したい。

写真（左上）：クラシック音楽専用のシューボックス型ホール
写真（左下）：O.アイゼンメングルが描いた天井のフレスコ画

札幌コンサートホール Kitara

北海道開発コンサルタント（現ドーコン） ◆ 北海道札幌市 ◆ 1997 年

1997 年にオープンした札幌コンサートホール Kitara は、世界初のヴィンヤード型ホールであり、建築デザイン面でも名高いベルリン・フィルハーモニーホールと、日本における同型ホールの先駆けであるサントリーホール（東京）をモデルに設計された。

計 2,008 席の客席の大半が、舞台に向かって弧を描くように配置されているのに対し、ブロックごとの壁は舞台に向かって張り出すような大きな曲面となっている。また、ステージ上部には大型キャノピータイプの吊り下げ反射板を設置するなど、サントリーホールの経験を活かしながらも、ヴィンヤード型ならではの響きを追求するための工夫が随所に見られる。

アリーナ型で聴かせる

アリーナ型ホールは客席がステージを取り囲む形式である。このうち、音響的観点から客席をいくつかのブロックに分割し、ステージから離れるにつれてブロックを持ち上げながら座席を段々畑状に配置した形式を、ブドウ畑になぞらえてヴィンヤード(vineyard)型と呼ぶ。アリーナ型の場合、聴衆の視線や意識が中央のステージに集中し、空間的な一体感が得られるという長所がある。特にヴィンヤード型では、より多くの聴衆がステージに近づくことが可能となるため、大型（2,000 席以上）のコンサートホールに適した形式といえる。

Kitara の大ホールに一歩足を踏み入れれば、高さ 23 m のホール空間の広がりと、客席ブロックや曲面状の壁面・天井面から生み出されるダイナミックな空間構成に感動を覚えることだろう。演奏が始まれば、音の響きがホール空間全体を包み込み、聴衆と演奏者がつくりだす一体的な雰囲気は、あたかも自身が一種の祝祭空間にいるかのようである。視覚と聴覚の両方から得られる Kitara ならではの迫力をぜひ味わってほしい。

写真（左上）：ステージ正面から見た大ホール （©大野隆造）
写真（左下）：ステージ後方より見た大ホール （©大野隆造）

アレーナ・ディ・ヴェローナ

イタリア・ヴェローナ ● 古代ローマ帝国時代

古代ローマ時代の剣闘士競技などの会場としてつくられたアレーナ・ディ・ヴェローナは、イタリアの北部ヴェローナにある。「ヴェローナ市街」はユネスコの世界遺産に登録されており、中世の街並みやこのアレーナを含んだ保存状態の良い古代ローマ時代の遺跡を楽しむことができる。ヴェローナ市街は、蛇行するアディジェ川に三方を囲まれるようにあり、その中心にアレーナが構えられている。都市の計画として重要な場所に建てられたことが地図からも読み取ることができる。

アレーナの内部は、楕円形の闘技場を囲むように観客席がある。筆者が数えたところ、身長高程度の闘技場初段を除き 44 段の観客席があり、各種算定はあるが 30,000 人程度収容できる。楕円形の長軸の両端を少しそらすようにして、それぞれ出入口とそれらの上に柵に囲われた展望スペースのようなものがある。楕円形であるがゆえに、展望スペースを正面として奥行があるようにとらえること、客席が向かい合うようにとらえることもでき、多様な集まり方が想起できる空間である。

音楽を聴く

ヴェローナは、例えばシェイクスピアの戯曲「ロミオとジュリエット」の舞台として取りあげられ、連動して映画などもつくられており、伝統的に芸術・音楽の街としてのイメージがある。既述のように闘技場としてつくられたアレーナだが、その特徴を活用して1900年初頭から音楽祭の場所としてイベントが開かれている。特に近年では、6月下旬から9月上旬までは毎年オペラフェスティバルとされて、さまざまなオペラプログラムやバレエなどのイベントで使われており、開催情報や動画が日本語でも公開されているほど盛んで人気がある。

30,000人を収容できるが、毎年これらのイベントでは、舞台などの設置のためその半数程度の人数を収容して公演を行っている。オープンゆえ場外まで響きわたるが、市街の中心にあるアレーナで行われる音楽祭によって街全体が音楽を楽しめる雰囲気が演出されている。大きな建築物ではあるが、違和感なく周辺のシンボルとなって街全体を盛り上げる役割を担っている。

写真（上）：観客席最上階からの眺め

金丸座

香川県仲多度郡琴平町 ◆ 1835 年（1976 年改修）

1,348 段もの石段の構成で知られる「金毘羅さん（金刀比羅宮）」の参道からそれた愛宕山の山麓に位置し、現存するわが国最古の芝居小屋である。江戸時代の歌舞伎小屋を伝える貴重な建物で、木造 2 階建、間口 12 間、奥行 19 間 1 尺、舞台は間口 6 間、奥行 4 間、総客席数 810 名と、当時は大規模な劇場であった。平場追込・青場・向う桟敷の押込などの大衆席、引船・平場・上下の桟敷といった上席など、当時の階級制を反映する客席配置となっている。舞台には、4 人の力で回す直径 3 間 4 尺の回り舞台、同様に人力で上げ下げを行う迫りや花道の七三にすっぽんがあり、芝居をより多様に演出する装置がある。
現在、年に一度「四国こんぴら歌舞伎」の上演が金丸座で行われるときだけ、街中に無数の幟が立てられ活況を呈す。

芝居小屋で聴かせる

歌舞伎劇場は、京都四条河原町が発祥とされ、能舞台を踏襲するものであった。花道や橋掛りなどのある日本の伝統的な劇場空間は独特の構成であり、規模は小さく、平場席、両側に向かい合った桟敷と観客どうしの一体感や親密感を高めている。
日本で発祥したと言われる回り舞台や迫りなどの装置により、歌舞伎の進行とともにさまざまな演出が可能となり、劇的な効果が生まれ、観客を楽しませてくれる。内部のこうした設え、構成が、小さく見える芝居小屋の外観からは想像できないほど役者と観客との距離感を縮め、一体となって芝居を享受する豊かな空間をつくっている。一方で舞台近くの両袖の桟敷席では、規模は異なるものの、ウィーン国立歌劇場に代表される馬蹄型劇場のプロセニアム近くのボックス席と同様に、舞台への視界が極端に狭く、役者のパフォーマンスは身を乗り出さないと観賞できないのも事実である。しかしながら、こうしたことも劇場で芝居とその臨場感を味わうには十分である。

写真（左上）：金丸座正面（©恒松良純）
写真（左下）：小屋内部（©恒松良純）

▌スタディオ・サン・ニコラ

レンゾ・ピアノ ◆ イタリア・バーリ ◆ 1990 年

ブーツの形に似たイタリア半島の南、かかとの部分に港湾都市
バーリがある。世界遺産で知られる、円錐状で独特な雰囲気を
もつトゥルッリと呼ばれる屋根が連なる美しい歴史的街並み、
アルベロベッロの近くに位置する。1990 年にイタリアで開催
されたサッカー世界大会の会場の一つとして建設された多目的
スタジアムは、収容人数約 60,000 人、ピッチサイズは 105 ×
68 m である。平面は楕円形で、その周りを 26 枚に分節された
巨大な花弁を広げたような曲面の上部スタンドが取り巻く。そ
の形態は特徴的で印象的である。構造は、現場打ちとプレキャ
スト、プレストレストコンクリートとで構成される。
レンゾ・ピアノはその著書『航海日誌』で、「安全性を追求し
た結果が、洗練されたフォルムに結び付いた」と言っている。
その安全性とは、一箇所にたくさんの観衆を集中させない、各
セッションにそれぞれ独立した避難路がある、避難路に観衆の
動きの障害になるような異物を置かない、見通しが良く視野が
広ければ観衆はヒステリー状態を引き起こしにくい、という。

歓声を聞く

遠方からスタジアムに近づくと、広大な敷地の中に巨大な花弁状のスタンドが連なる外観が一望できる。それぞれのスタンドや花弁が空に向かってそびえ立つ。巨大なキャンティレバーのスタンドは4本の支柱で支えられているものの、極めて不安定な印象を受ける。しかし、26枚の花弁をつなぐテフロンの半透明な屋根が全体を覆い、統一感を醸し出している。

花弁をつなぐ階段の下をくぐり中に入る。フィールドに立つと26枚の花弁状の曲面のスタンドが内側に向かって圧倒的な迫力をもって迫ってくる。しかし閉鎖感はまったくない。上部の花弁のスタンドと下部のスタンドとにある間隙や、各花弁の間に8mほどのスリットがあることで開放感を生み出している。また、プーリア地方ゆえの暑い夏にこの隙間から心地良い風がフィールドを抜ける。熱狂的なイタリアのサポーターがスタジアムで歓声をあげ、スタジアムが揺れる様子が目に浮かぶ。サポーターを包み込むようなスタジアムのデザインがある。

写真（上）：スタジアム内観

東大寺二月堂のお水取り

奈良県奈良市 ◆ 8 世紀

東大寺は奈良県にある華厳宗寺院であり、世界最大の木造建築大仏殿で知られる。現在は、古都奈良を代表する観光地でもある。二月堂は境内大仏殿東側に位置する。創建時期には諸説あるが、8 世紀半ばには存在していたとされる（現存するものは1669 年建立）。二月堂とは、ここで毎年 3 月に行われる「お水取り」が、かつては旧暦 2 月に行われていたことに因む名である。お水取りは正式には「修二会」といい、14 日間にわたる法会のことであり、お水取り自体は法会の終盤 3 月 13 日深夜に二月堂下の井戸から香水を汲み上げる儀式のことである。

今日、二月堂のお水取りといえば「お松明」がその代名詞となっている。これは、二月堂に上堂する連行衆（参籠する僧）の道灯りとして灯される松明のことであり、修二会の期間中、毎日行われる。お水取りの行われる 12 日の夜には、長さ約 8 m 重さ約 70 kg の籠松明が登場する。

伝統を聞く

お水取りの期間、二月堂の周りには仮設の竹垣が設けられ、日没近くになると広場、南側の石段、辺りは人で埋め尽くされる。お松明の始まる時刻になると周辺の照明は消され、集まった人々は暗闇の中二月堂へ続く登廊に神経を集中させる。

時を知らせる鐘の音とともに、松明を持った童子は連行衆を二月堂へと導く。お堂の中からは僧が上堂したことを知らせる差懸（履物）を鳴らすドッドッドッという音が聞こえる。僧を送り届けた童子は二月堂の回廊を松明を持ってパチパチという音とともに走り抜け、堂の角では欄干から突き出した松明を回転させ辺りに火の粉を降らせる。暗闇の中で一連の儀式の奏でる音に耳を傾け、固唾をのむように待っていた観衆からは思わず感嘆の声が上がる。修行の音がつくりだす荘厳な空間は、1200年以上途絶えることなく続いている。

写真（左上）：二月堂お水取り「お松明」
写真（左下）：お水取り期間の二月堂付近昼間の様子

ブルーモスク（スルタンアフメット・ジャーミィ）

メフメット・アー ◆ トルコ・イスタンブール ◆ 1609-16 年

多様な文化の痕跡があるイスタンブールの旧市街には、俗に
「ブルーモスク」と呼ばれるスルタンアフメット・ジャーミィが
ある。17 世紀にオスマン帝国皇帝のアフメット１世の命を受
けて、シナン（Mimar Sinan）の弟子メフメット・アーが建設
した。ハギア・ソフィアから約 300 m しか離れていない場所に
位置するオスマン建築である。シナン以降のオスマン建築は、
革新的な空間の展開より、むしろ優雅さを求める傾向に移って
おり、モスクの内部空間からその変遷を読むことができる。
華麗な内部空間は、青を基調とするイズニックタイルやステン
ドグラスで覆われており、その支配的な色からブルーモスクと
呼ばれている。礼拝室（約 53×50 m）の中央部にある大ドー
ム（直径 23.5 m、高さ 43 m）は、4 本の「象の脚」と呼ばれ
る細い縦溝のある円柱（直径約 5 m）にのせて、四方を半ドー
ムで支えている。外観は、中庭前面と礼拝室の四隅から立ち上
がっている計 6 基のミナレット（尖塔）が特徴的であり、力強
さを強調しない線の細い意匠となっている。

宗教を聞く

イスラムのまちにそびえる大モスクのドームとミナレットは、宗教的にも、社会的にも、そして空間的にも求心力を高めている。その一つであるブルーモスクは、イスタンブールの歴史地区（1985年世界遺産登録）の中でひときわ存在感を示す。

礼拝は、夜明け前に流れるアザーン（礼拝の呼びかけ）から始まる。日に5回流れてくるこのアザーンは、以前はミナレットの上部から直接肉声が流れていたという。旧市街に響き渡るアザーンの調べを聞くと、イスラムのまちにいることを改めて気づかされ、日々の生活が礼拝とともに刻まれていることを実感する。

モスクに行くと、水場で身を清め、靴を脱ぎ、絨毯が敷き詰められている男女別の礼拝室に入室する。このモスクの女性の礼拝室は2階に設けられている。金曜日の昼ごろにはまちの人々がブルーモスクをはじめとする大モスクに集まり、メッカの方角を目標に静謐な礼拝室で集団礼拝を行っている。

写真（左上）：アヤ・ソフィア側から見るブルーモスク
写真（右上）：礼拝室上部の大ドームと半ドーム

モン・サン＝ミッシェル

オベール ◆ フランス・サン マロ湾 ◆ 708 年

1979 年にサン・マロ湾とともに世界遺産に登録されたモン・サン＝ミッシェルは、パリから車で 4 時間ほどの西海岸、サン・マロ湾に浮かぶ修道院である。岩山の島の上部に築かれた修道院に向かって細い坂道が続く。グランド・リューと呼ばれる参道沿いには、土産物屋やレストランが所狭しと軒を並べ、多くの観光客とともに活況を呈している。3 層の修道院の最上部には、聖堂と聖職者のための食堂が配置されている。また、アーチ型の優美なデザインの列柱が並ぶ回廊によって囲まれた中庭がある。西のテラスからはサン・マロ湾が一望できる。
カトリック教会最古の修道会であるベネディクト会の修道院として使用されるも、この聖地の支配権をめぐるフランスとイギリスの戦いの中で、18 世紀には牢獄の役割を担った。

教会で聞かせる

潮の満ち引きにより陸と切り離され、水面から突き出た孤立した小島にそびえ立つ修道院は、おおむねゴシック様式の建築で壮大であり、特異な雰囲気を醸し出している。圧倒的な存在感があり、それゆえランドマークとして孤高で象徴的な印象を与えている。朝に夕に、潮の満ち引きに時間とともに多様なランドスケープの変化と表情を見せてくれる。
両側に土産物屋が並ぶ狭い石段の坂道が続く。長いアプローチ空間には、折れ曲がりや景色の見え隠れなどの演出により、修道院に向かう期待感や高揚感を高めるシークエンスがある。最上階へ続く大階段を上るとパノラミックな海上の風景が飛び込んでくる。自然の風景を楽しんだ後、一転静寂な聖堂へと至る。荘厳なミサの音色が聖堂内に響き渡る。内陣のステンドグラスの窓から柔らかい光が差し込み、時の流れとともに人々を魅了し、癒される調べが、その建築の重厚さとともに満ちあふれる、祈りの空間がある。

写真（左）：聖堂内でのミサ

二条城—うぐいす張り

京都府京都市 ● 江戸初期

二条城は徳川家康が江戸時代に京都御所の守護拠点かつ将軍の京都滞在時の宿泊所として建設した城であり、1994年にユネスコの世界遺産に選ばれている。大政奉還が行われた場所であり、日本史においても重要な城である。城は本丸御殿、東大手門、唐門、二の丸庭園など多くの文化財で構成され、特に二の丸御殿は書院造を代表する黒書院や白書院など、全6棟の建物から構成され国宝である。内部の障壁画も狩野派の力作がそろい、1,000点以上が国の重要文化財に指定されている。

二の丸御殿を訪れると、その回遊空間を歩くこととなる。車寄から入ると遠侍、大広間へと進む。この大広間「一の間」はまさに大政奉還が行われた場所であり、その歴史性を感じながら最後に書院に至る。この回遊するための廊下自体も一つの名物となっている。廊下を歩くと、キューキューと音がなる。これはうぐいす張りとして知られるつくりである。目かすがいと釘のこすれによって生じるもので、鳥の鳴くような音であることから「うぐいす張り」と呼ばれている。

擬音を聴く

うぐいす張りは二条城だけではなく、知恩院や大覚寺など多くの歴史ある建造物で見られる。うぐいす張りは作為的につくられた「忍び返し」であると言われてきた。二条城は将軍が滞在する建物であるため高度なセキュリティが要求され、そのため忍者などが侵入した場合うぐいす張りの「音」によってそれを察知することができる。観光客に向けた説明でも長年このように解説されてきたので、今でも一般には広く信じられている。しかし、近年、うぐいす張りを修繕すると音が出なくなることから忍び返しは否定され、経年劣化によって起こるこすれの音と言われるようになっている。

このキューキューという音は人に不快感を与えるものではなくむしろ心地良いもので、人の動きに合わせたインタラクティブな空間を生み出す仕掛けとなっている。いわば後年の解釈による新しい概念であり、今の人々のほうが江戸期の人よりも建築を五感で楽しむ証左といえるのではないだろうか。

写真（左上）：二の丸御殿外観
写真（右上）：うぐいす張り

ヴィッラ・デステ

ピッロ・リゴーリオ ◆ イタリア・ティヴォリ ◆ 16世紀

古代ローマの別荘地として栄えたティヴォリには、マニエリスム・バロック様式をまとう華麗な別荘が存在する。この別荘は修道院を改修したものであり、フレスコ画によって敷き詰められた数々の部屋で構成されている。最大の特徴は、敷地の高低差を活かしたさまざまな美しい噴水の共演である。用いられている水のすべては、この別荘より標高の高いアニエーネ川から引き込まれたものである。作曲家フランツ・リストは、この別荘で「エステ荘の噴水」を作曲している。その楽譜には、聖書から引用された「わたしが与える水はその人の内で泉となり、永遠の命に至る水がわき出る。」という言葉が記されている。水は神の愛による魂の救済を表す重要なシンボルなのである。

水の演出を聴く

庭園は、水の可変性を背景とする多様な視覚的・聴覚的デザインが施された多くの噴水によって彩られている。別荘のテラスからビッキエローネの噴水とドラゴンの噴水を貫いて伸びる軸線が人々を出迎える。そして、庭園に降り立ち右へ下ると楕円の噴水がその優雅な姿を現す。正面からは3つの小噴水の列としてデザインされた百の噴水の小道が続き、その先に古代ローマの街並みを再現したロメッタの噴水が劇的な姿を現す。百の噴水の小道の中央には2つの曲線階段が存在し、それを下るとドラゴンの噴水がその姿を現す。さらに下ると広々とした養魚池へと行き着き、右手にネプチューンの噴水とオルガンの噴水が壮麗な祭壇のごとく鎮座する姿を目撃する。高々と力強く水を噴き上げるネプチューンの噴水と水圧を利用しパイプオルガンを奏でるオルガンの噴水の共演は、壮大なミサ（祭儀）を見ているかのようである。この庭園には無数の乳房を有する豊饒の女神の噴水や水で動くフクロウの噴水などが計画されており、その繊細な水の演出が今なお人々を楽しませ続けている。

写真（左上）：養魚池から臨むネプチューンの噴水・オルガンの噴水
写真（左下）：ティヴォリを象徴する優雅な楕円の噴水

伊勢神宮内宮前おはらい町通り

三重県伊勢市

おはらい町通りは伊勢神宮内宮の鳥居前町として栄え、お伊勢参りの参拝客で賑わう通りである。伊勢市特有の建築様式である「切妻・妻入り」「入母屋・妻入り」木造建築の土産店、飲食店が軒を連ね、特徴的なスカイラインを形成するとともに、江戸時代の情緒を今に伝える町並みとなっている。

この町並みと風情は連綿と守りつないでこられたもののようにみえるが、現在の町並みは高度経済成長期以降の再生事業によって形成されたものである。伊勢らしい町並みを取り戻し、かつての鳥居前町の賑わいを復活させるべく、町と行政が一体となって町並み再生や電線地中化、舗装の石畳化などが行われた。現在の観光客数は年間500万人を超え、江戸時代のお伊勢参りの人の往来を想像させるような賑わいとなっている。

街の音を聞く

「香り豊かなあったかい甘酒はいかがですか」、売り子が客を呼び込む落ち着いた声が心地良く耳に残る。店主と客の掛け合い、飴細工職人の口上、あるいは行き交う人々の談笑する声も、この通りを満たす音にはどこか奥ゆかしさと統一感が感じられる。通常、これほど大勢の人が往来する通りとなれば、そこに生じる音は活気がありつつもまとまりのないものになるだろう。町並みがつくる情緒豊かな風情と、この通りが内宮参道口の鳥居へと続いているという意識が、人々のふるまいに自然と連帯を生み、結果として町の音のトーンとリズムに統一感をもたらしているのかもしれない。

おはらい町通りに形成されたサウンドスケープは通りの風情をいっそう彩り、人々はそれを感じ取ってふるまい、また町の音が生み出される。このような通りの風情と人々のふるまいと町の音をめぐる循環関係が、良い関係をもって展開されていることが、居心地の良さの一つの要因となっていると考えられる。

写真（左上）：妻入り木造建築が並ぶ伊勢らしい町並み
写真（左下）：平日も大勢の参拝客の往来で賑わう

北村家住宅

神奈川県秦野市 ◆ 1687 年

日本の家屋は、その土地の気候、風土や生活の様式によって特色ある空間をつくっている。丹沢山の麓、名主の家であったと言われる北村家住宅は、この地域を代表する民家として現在に伝えられている。平面はひろま型と言われる三室間取りで、主要部の大きさは正面 8 間、奥行 4 間、周囲に半間の庇を出して葺き下ろしている。構成は、「ヒロマ」「ヘヤ（寝室）」「オク（正座敷）」からなる。「ダイドコロ」でもある土間から続く生活の場となるヒロマでは、竹簀の子と板の間を使い分け、竹簀の子には必要に応じてムシロを敷いて利用していた。上手のオクには床の間が付き、ヘヤは畳敷きで押入れを備え、オクとヒロマにつながる濡れ縁がある。空間は緩やかに連続しているが、床の素材の違いから部屋の序列と領域を見ることができる。

北村家住宅は、建築年代がはっきりしているという点でも注目される。移築のため解体した際に、柱の先端部に記されていたことで明らかになった。

生活を聞く

日本人は、音に対して寛容だと言われている。襖や障子などは視覚的に境界をつくるものの、決して閉鎖的にするものではなく、スクリーンのように緩やかに空間を仕切りつつ音や雰囲気を知ることができる。雨が降れば雨音が室内に伝わってくる。雪が降れば降り積もる雪が音を吸収したかのように静けさを室内で感じる。北村家住宅では、開放的な部屋が特徴であり、家の中に周囲の様子を感じることができる。移りゆく時間を感じながら佇むことができる。

現在、北村家住宅は川崎市の日本民家園にその姿を見ることができる。あわせてさまざまな地域の民家も移築、保存されており、土地の気候、風土や生活の様式によってつくられた特色ある空間や日本の家屋の雰囲気を体験することができる。

写真（左上）：茅葺きの屋根をもった外観
写真（左下）：土間からみたヒロマ

落水荘

フランク・ロイド・ライト ◆ アメリカ・ペンシルベニア州 ◆ 1936 年

落水荘（Falling Water）は、エドガー・カウフマンの別荘として、ピッツバーグ郊外の深い森の中に佇んでいる。川の音を頼りにしながら森林の中をしばらく歩くと、橋の向こうに突如としてその姿を現し、われわれをライト建築の世界へと迎え入れてくれる。世界三大住宅の一つと評されることが多く、滝の上に張り出したテラスの構図は美しく、最も有名な住宅のファサードといってもよいであろう。

この住宅の特徴は、自然との共存である。敷地には、森林に囲まれた小川が流れ、小さな滝が落ちているその真上に自然と一体化して建築され、キャンティレバーのテラスからは真下に滝の水の流れが望める。まさに水が流れ落ちる住宅、落水荘の名を体現しており、その姿はライトの提唱した有機的建築そのものである。建築の全体構成は、水平に張り出したテラス、深い庇により、階層的に水平線を特徴づけたプレーリー・スタイルといえ、自然の岩盤をそのまま基礎や壁面に使用していることで、自然と建築が溶け合っている。

自然を聞く

内部空間も水平面を基調とし、天井高は比較的低く抑えられている。壁面の多くに水平に重ねられた自然石が用いられ、自然の洞窟を感じさせる内部空間が複雑に重なり、階層性のある空間を演出している。視覚的な演出に加え、自然と溶け合った聴覚的な空間の演出は情緒的で、自然界に住んでいる実感と、住宅内部に自然が入り込んでくる感覚を抱く。それは、住宅の真下にある滝から流れる水の音であり、「滝を眺めて住む」から「滝の上に住む」へと転換されたコンセプトを打ち出したライトの発想が、まさに聴覚を通して身体に降り注ぐ。

滝の水音は、窓により住宅内部への取込みが制御できる。最も効果的に水音を取り込める空間はテラス上部の角部屋で、部屋の隅に位置する窓が音量装置の役目を果たし、最大限開放されることにより、滝の水音が部屋に満たされた聴覚的空間体験がなされる。窓の開閉量や川の水量により繊細に変化し、有機的な建築として建築と自然の関係を今もなお投げかけている。

写真（左上）：滝と建築の全体像
写真（右上）：水音が満たされた部屋

ペイリーパーク

ロバート・ザイオン ● アメリカ・ニューヨーク州 ● 1967 年

ニューヨークのマンハッタン 5 番街近く、ニューヨーク近代美術館の並びにある小さな公園である。高層ビルの谷間にわずか間口 13 m、奥行 30 m の規模であり、奥に高さ 6 m 余りの滝が配されている。両側の壁には蔦が張りめぐらされている。
広場には十数本の樹が植えられ、フラワーポットやテーブル、椅子が配されている。ランドスケープ・アーキテクトのロバート・ザイオンの設計である。ペイリーパークをはじめ、都市の中の高層ビルに囲まれた小規模な公園を、洋服のベストに付いている小さなポケットになぞらえてベストポケットパークと呼んでいる。その後、グリーンエイカーパークなど多数のポケットパークがつくられるようになった。日本の都市部に見られる総合設計制度による公開空地と比べると、閉鎖感は否めない。

都市空間で音に癒される

高層建築が林立し、街路樹などの緑もない息苦しいくらいに閉鎖感のあるマンハッタンの街並みの中、一見見落としてしまうほど狭い間口の公園である。しかし、そこには憩いを求める人々が多く集まり、コーヒーを楽しみ、食事をする風景がある。奥行の深い空間の構成により、都会の喧騒の中で、木々の木漏れ日、心地良い滝の音に自然や静けさを感じる、安らぎと憩いの場として創出されている。三方が囲まれ奥行が深いことで、落ち着き感や安心感を醸し出しているといえる。
設けられた白いテーブルや椅子、フラワーポットなどは繊細なデザインで、そのスケールは小さめのものとなっている。人と人の距離感を縮め、それゆえ都市の中でヒューマンスケールを感じる癒しの空間を提供している。公園に滝や池など親水空間を設けることは、誘引性を高め、樹木の緑は自然感、開放感を高める。こうした雰囲気を構成する巧みなデザインが、少ない構成要素を用いて狭小な空間を豊かなものとしている。

写真（左上）：集う・憩う
写真（左下）：奥にある滝

ダッカ

バングラデシュは、第二次世界大戦後にヒンドゥー教のインドと分かれてイスラム教の東西パキスタンとしてイギリスの支配から独立し、さらに 1971 年に西パキスタンからベンガル人の国として分離独立して成立した。その首都ダッカは総人口の約10 分の 1 にあたる 1,600 万人余りが住む巨大な過密都市である。ダッカの市街地にある国会議事堂は、20 年もの歳月をかけて1983 年にようやく完成したが、その設計者であるルイス・カーンはその姿を見ることなく 1974 年に亡くなった。ゆったりとした湖や緑の公園に囲まれた国会議事堂のある地域は、市民の憩いの場所となっている。しかし、そこを離れて活気に満ちた旧市街の中心地へ向かうと、にわかに様相は一変して、あらゆる感覚器官を通して都市の喧騒を体感することになる。

感覚処理能力を超える喧騒

ダッカの中心市街地では、カラフルな看板、無秩序に動き回る人とリキシャ、絶え間ない車のクラクション、調整不良のエンジンからの排出ガス、等々による目、耳、鼻への容赦のない多感覚刺激にさらされる。もし乗り合いのベビー・タクシーに乗ったのなら、その小型エンジンから発する断続的な爆音と排出される煙、そしてシートから伝わる振動がさらに加わる。このような状態は、それぞれの感覚器官の処理能力を超える感覚過負荷（sensory overload）となり、生理・心理的に大きなストレスを与える。しかし、現地の人々は初めてそこを訪れるわれわれほどストレスを感じないようである。こうした環境への慣れが刺激に対する反応を抑えているようだが、健康上問題がないはずがない。このような状態と対極にある感覚遮断（sensory deprivation）、つまりすべての感覚に対して刺激がほとんどない状態もやはり大きなストレスを生じる。われわれの感覚器は環境からの適度な刺激を常に求めているようである。

写真（左上）：ルイス・カーン設計の国会議事堂
写真（左下）：ダッカの中心市街地

視覚　聴覚　触覚　嗅覚　味覚　時間　多様

ラスベガス（Strip & Fremont Street）

ジョン・ジャーディ ● アメリカ・ネバダ州 ● 1995年

エンターテインメント・シティーとしてのラスベガスには、ストリップとフリーモントという2つの主要なストリートが存在する。前者はラスベガスを南北に縦貫するメイン・ストリートの一画であり、後者はメイン・ストリートの北端から少し離れたダウンタウンに位置する。ストリップ沿いには、世界の都市をイメージした巨大なホテルが建ち並び、まるで世界旅行をしているかのごとき夢を人々に与える。一方、フリーモントには、スペース・フレームで構成された全長約450m、高さ約30mにも及ぶアーケードが架けられており、夜の帳とともにスクリーンへと変化し、コンピュータに制御された無数の電球や高性能スピーカーがさまざまな映像ショーを繰り広げる。

体で聞く

この2つの主要なストリートを要するラスベガスは、昼夜を問わず喧騒に包まれている。その喧騒は、カジノから漏れ聞こえる金属音や電子音、人々の狂喜、ため息などさまざまな音に支配されている。しかし、そこには巨大な消費を生み出すという冷徹なビジネス上の戦略が密かに組み込まれている。さらに、その喧騒をかき消すかのごとく繰り広げられるアトラクションの数々に付加された圧倒的な音響は、あたかもその冷徹な真の姿を覆い隠すかのようでもある。例えば、ストリップでは、「ベラージオ」の華麗な噴水ショーや「ミラージュ」の噴火する火山の様相が人々に壮大な物語を体験させる。フリーモントでは、毎夜、大迫力の音響とともに世界最大級の天井スクリーンに映し出された多彩な映像が、人々を感動の渦に包み込む。

人々はまるで魔法にでもかけられたかのように、圧倒的な音と光のアトラクションによってつくりだされた幻想に立ち尽くす。この圧倒的な音と光の演出は、人々を日常の世界から引き離し、甘美で魅惑的な世界へと誘うのである。

写真（左上）：ベラージオの噴水ショー
写真（左下）：フリーモント・ストリート・エクスペリエンスの映像ショー

圓光寺－水琴窟

京都府京都市 ◆ 1601 年

水琴窟とは、瓶の底に縦穴をあけ、地中に伏せて埋めたものである。日本庭園など、おもに茶室前の蹲踞や手水鉢に接した場所に設けられる。ここからあふれ出た水が瓶の空洞内で水滴となり、瓶の底に溜まった水に落ちたときに空洞で共鳴することにより、かすかな金属音のような琴の音にも似た響きを発する装置である。

瑞巌山圓光寺は、京都の北、洛北が一望できる地にある。足利学校の第9代学頭、三要元佶禅師を招き伏見に圓光寺学校を開いた。その後、相国寺山内に移り、1667 年に現在の地に移転した。山門をくぐり斜路を進むと、「奔龍庭」と呼ばれる幾何学的なデザインの枯山水が広がる。さらに進み、中門を抜けると水琴窟のある「十牛之庭」に至る。

静寂の中に響く

閑静な住宅街の中にひっそりと佇む圓光寺。その中門をくぐると、洛北で最も古いと言われる池、「栖龍池」を配した池泉回遊式庭園の「十牛之庭」が現れる。そのすぐ左手に、幅の広い薄い盃型の手水鉢を用いた「圓光寺型」と呼ばれる水琴窟がある。苔生した庭園の新緑の眩い緑、紅葉の秋、雪景色と、四季折々の風情を感じる静寂な空間にかすかに水琴窟から水滴が落ちる澄んだ音色が響く。その余韻に心癒され、和まされる日本の独特な庭園の装置である。蹲踞に水琴窟を併設する手水鉢など、そのデザインは多種多様である。多くは自然石を用いた手水鉢で、侘び・寂びの風情を演出している。

圓光寺の手水鉢は、その面が広く、水面に四季の景を映し出す優れたデザインといえる。また、水琴窟は瓶の形状による空洞の幅や深さなどの違いによって、その音色も微妙に異なってくる。こうしたさまざまな水琴窟を見聞きするのも日本庭園観賞の趣といえよう。

写真（左）：圓光寺型の水琴窟

3

触覚

触覚情報は、外界の情報を得るひとつの手段であると
同時に、触れたものの理解やその印象を深める役割をもつ。
触れることを通じて、温かい、柔らかいなど直接的に得られる
情報があるが、それと同時に触れることによって得られる
直接的な情報から、視覚や聴覚など触覚以外の
情報との違いや歴史など間接的な情報を得ることができたり、
複数の感覚から空間を想起することもあろう。
得られた触覚情報は、ザラザラやトゲトゲなど擬態語を
用いて表現されたり、比喩表現によって想像しやすい
表現豊かな伝えられ方となる。

シバーム

イエメン・ワディ ハドラマウト ◆ 16 世紀

シバームの魅力は、「世界最古の摩天楼都市」「砂漠のマンハッタン」と呼ばれるように、土でつくられた高密度・高層建築群にある。イスラム都市のなかでも、この場所にしか見られない不思議なオアシス都市である。形態的に視覚を刺激するだけでなく、触覚や嗅覚をも刺激する極めて身体感覚的な空間である。所在地はイエメン共和国南部、ワディ・ハドラマウトと呼ばれる涸谷(ワディ)に立地する。周りは岩だらけの山々が続く厳しい環境の谷筋にある。この涸谷は長さ 160 km、幅約 2 km、深さ 300 m に及ぶという。アラビア半島南部のこの一帯は砂漠気候だが、雨季には山間部に降る雨水が涸谷に集まるため、オアシス都市が形成された。

古代よりこの辺り一帯は乳香の原産地だったことから、古代南アラビア王国が次々と誕生したと言われている。シバームはハドラマウト王国(紀元前 8 世紀～ 3 世紀)では首都となり、交易の中心地として繁栄した。乳香は最高級の香料として金と同等の価値をもち、この都市は嗅覚とは縁が深い歴史をもつ。

林立する土壁の異空間

砂漠に出現した不思議な摩天楼都市シバームは、立地環境から
この形態となる必然性があった。砂漠の遊牧民ベドウィンの襲
撃と、度重なる洪水を防ぐため、街を横に広げず縦に伸ばして
コンパクト・シティにする必要性があった。さらに、熱砂と暑
さが厳しいこの地では、密集・高層化による林立形態は、砂嵐
を防ぎ日陰を多くする効果があったのである。

シバームは街のすべてが泥土でできた触覚的な街である。街の
外からの外観も珍しいが、街路内の光景も圧倒的で異様だ。林
立する巨大な土壁が天に伸び、まさに土壁の異空間である。風
が抜けると砂塵が舞うような環境だが、土の谷間のモスク周り
では大勢の子どもが裸足のまま楽しそうに遊んでいる。建物内
部はまるで蟻塚のような空間である。1、2階は家畜と倉庫、3
階から居室となる。3階は男性の接客空間、4階から上が女性と
子どもの部屋が多い。屋上は天に近い解放的空間で、ペルシャ
にあったと言われる屋上庭園・楽園を想起させる空間である。

写真(左上)：丘上から見たシバームの全景
写真(右上)：子どもたちが裸足で遊ぶシバームの街路光景

大谷資料館

栃木県宇都宮市 ◆ 1979 年

この地下空間は、大谷石の採掘場跡を一般に公開するものである。この採掘場は、広さ 140 × 150 m、地下深さは 30 m で、1919 〜 86 年まで約 70 年の間採掘が行われていた。公開以前には、陸軍の地下倉庫や軍需工場としても使用されていた。

江戸時代中頃から 1960 年頃の機械化されるまでは手掘り採掘が行われ、1 本切り出すのにツルハシを 4,000 回振り下ろしたという。この 1 本 150 kg の石材は、背負子と呼ばれる職人が背負って地上まで運んでいた。採掘形式は良質な石の層がどこに位置するかによって異なり、この大谷資料館は、山の中腹の良質層から横に掘り進め、奥行が出てから地下に掘る坑内掘りと呼ばれる形式でつくられた。

大谷石は軽くて柔らかく加工しやすい耐火性のある凝灰岩で、県内では石塀や石蔵に多く使用される。またフランク・ロイド・ライト設計の旧帝国ホテルでは、玄関の美しいインテリア材として知られる。大谷地区では、昭和 40 年代の最盛期には120 箇所あった採石場が、平成 21 年には 12 箇所に減少した。

暗さの中で地下空間を感じる

資料館入口へ近づくと、冷たく澄んだ空気が顔の周りに漂う。
外光のない暗さにためらいながら階段を下り進むと、壁・床・
天井の大谷石から放射される固有の冷たさに包まれる。坑内の
気温は年間を通じて約8℃、真夏でも内部はひんやりとしてい
る。しばらく下ると、身体の前に巨大な地下空間を感じる。空
間の高さは10mほどか、薄暗い照明の下、ざらざらとした壁
や床の石面に切り出された採掘跡がうっすらと見える。地下空
間には、坑内の陥没を防ぐため、採掘の過程で残された柱と呼
ばれる石柱がいく本もそびえ立ち、空間を支えている。
この資料館は一般公開のほか、コンサートや映画撮影にも利用
されている。また大谷地区のほかの採掘跡では、結婚式イベン
トやクルージングなど新たな空間体験の試みも始まっている。
1500〜2000万年前とも考えられる頃に、海底に蓄積した火山
灰などが固結した鉱物を私たち人間が大谷石として掘り出した
痕跡が、産業遺産としてすっぽりと地下に残されている。

写真（左上）：奥深くと広がる大空間（© 大谷資料館）
写真（右上）：地上へとつながる階段（© 大谷資料館）

ウロス島

ペルー・ティティカカ湖 ◆ 15世紀頃

古くからインカ帝国のインディオにあがめられてきた標高3,800mの高地にあるティティカカ湖に「ウロス島」がある。湖畔で最も古い民族とされる少数民族インディオのウロス族が、敵の攻撃を逃れるために浮島をつくって湖上生活を始めたと言われる。湖に自生するトトラという葦に似た植物を積み重ねてできたウロス島は、1つの島ではなく、湖にいくつもある浮島の集まりを示す。ペルーのプーノ市の沖合には十数m²ほどの島から、教会や学校もあるような約400人が定住する島まで、さまざまな規模の島々が湖の中に浮遊する。観光地化の影響もあり、島数も年々増加しているが、島民は中央にある湖へ開けた広場を囲むように配されるコンパクトな住まいで、現在も多くの人々が浮島での伝統的な湖上生活を営んでいる。

素材に触れる

ウロス島は、トトラの根を刈り取って束ねたキリと呼ばれる大きなブロック状のものを数メートル重ねた上に、トトラを敷き詰めてつくられる。水中部分のトトラが腐れば、その上から新しいトトラを重ねていく。住まいのつくりは、細木の骨組にトトラのムシロを壁に張りめぐらせ、屋根にもトトラを棟木から振り分ける。島だけでなく、住まいも湖に自生するトトラからできている。1つの島には同系の一族で暮らすことが多く、結婚式では新郎と新婦の島と島をロープでつなぎ合わせて行われるものらしい。島自体の素材がトトラのため、浮島どうしをつなぎ合わせたり、独立などで切り離したりするのが容易で、コミュニティも固定されずに自由に選ぶことができる。

ティティカカ湖に浮かぶウロス島へ船で降り立つと、波打つ地面のトトラにより、足元から今まで味わったことのないフワフワした感覚を受ける。そんなトトラの上に座るのも寝転がるのも心地良く、自然素材からの温かみも身体で感じる。

写真（左上）：ティティカカ湖に浮遊する床
写真（左下）：島だけなく、住まいもトトラでつくられる

夏の家（コエ・タロ）

アルヴァ・アアルト ◆ フィンランド・ムーラッツァロ ◆ 1953 年

「夏の家」は建築家アルヴァ・アアルト自身の別荘であり、フィンランド語で実験住宅を意味する「コエ・タロ」と呼ばれる。アアルトにとって、ここは家族とともに過ごす私的な憩いの場であるとともに、建築家としての実験の場であった。

森に囲まれた湖に面し、起伏のある岩盤に建てられた住宅には当時、湖からボートでアプローチした。主屋は正方形の中庭を囲むように L 字型で配置され、一方に居間、食堂、スタジオ、他方に寝室がまとめられた単純な構成である。屋根は片側に大きな勾配をもったバタフライ形状で、頂部の高さは 8 m ほどもあり、内部の天井の高い部分には木で吊られたロフトがある。中庭は、高さに変化のあるレンガの自立壁と建物の壁で囲まれているが、正面の壁は湖の風景を切り取るかのように開かれ、北側のそそり立つ壁の一部は上部から欠き込まれフレームが取り付けられている。このような操作によって、中庭には開放と閉鎖の絶妙なバランスが生まれ、アアルトによる数多くの中庭型建築のなかで唯一無二の空間性を放っている。

素材に触れる

実験住宅では、ゲストルームで自然の岩の上に土台を置くことや、主屋で天井から木造の床を吊り下げることなどの構造の試行とともに、素材の実験も行われていた。建築の外側のレンガは白く塗装されているが、中庭側は素地のまま現れている。50もの区画に分割された壁面にはさまざまな形や大きさのレンガ、タイルが組み込まれ、床面も異なるレンガで敷き詰められている。アアルトは、フィンランドの気候に素材をさらし、耐候性を確かめていたのだろう。しかし、この美しいパッチワークの壁面は、素材の実験という一言では片づけられない、格別なものである。一日の陽の流れが、それぞれの素材の表情に微妙な変化を生み出す。手をあてれば、素材のぬくもり、形の違い、彫りの深さ、表面の微細な凹凸まで感じ取ることができる。この建築が物として存在していることを知覚させるだろう。中庭の唯一無二の空間性は、この特別な赤いレンガ壁による、巧妙な囲い込みによって実現されているのである。

写真（上）：さまざまなレンガが組み込まれた中庭の壁と白く塗られた外周壁

ギャラリー TOM

内藤廣 ◆ 東京都渋谷区 ◆ 1984 年

建築家・内藤廣のデビュー作であるギャラリー TOM は、視覚障害者のための手で見るギャラリーとして開設された美術館である。周囲の松濤の住宅スケールとは異なり外観はコンクリートの壁が立ち上がり、2 階エントランスへ導く階段があるのみであるが、ひときわ目を惹くのが斜めに架けられた屋根のトップライトであろう。はたしてこの建物が何であるのか、入口右側に掛けられたプレートを見なければわからない。エントランスを入ると外観からの印象とは異なり、非常に明るい空間が広がる。階段側の大開口と天井から差し込むスリット光が各彫刻作品を照らし、彫刻作品を愛でる空間なのか、光を愛でる空間なのか、時間を経るにしたがい曖昧になってくる。

素材に目を向けると、躯体のみがコンクリートでつくられ、什器や建具は木製である。素材の組合せは、デビュー作でありながら後年の内藤建築を彷彿とさせ、時代を感じさせない手腕は内藤建築の真髄といってよい。

美術に触れる

手で見るギャラリーというコンセプトから出発したギャラリー TOM であるが、現在は彫刻だけでなく絵画や写真などのギャラリーへと拡張されている。企画展も行われているが、本来の空間を体感するには彫刻作品が展示されている時期がよいだろう。なによりも彫刻作品間の計算された距離が、いつの間にか作品に触れたくなる仕掛けとなっている。エントランスの椅子に座って作品を眺めていると、時間が経過するにしたがって光の強弱が変化し、また新たな作品像を浮かび上がらせる。

美術館の楽しみ方は人それぞれであるが、ギャラリー TOM の空間は晴天と曇天の日それぞれを経験するとよいだろう。晴天の日は差し込む光の強さを、曇天の日は空間の広がりをそれぞれ感じられるはずである。

写真（左上）：メインエントランス（© ギャラリー TOM）
写真（左下）：3 階から見下ろした展示空間（© ギャラリー TOM）

カサ・バトリョ

アントニオ・ガウディ ◆ スペイン・バルセロナ ◆ 1906 年

カサ・バトリョは、1877 年に建設された邸宅をアントニオ・ガウディが改築したものである。屋根の一部が丸く盛り上がり、まるで恐竜の背のように見える。アルルカンの帽子に見立てられることもある。また、内臓や骨格を連想させるファサードやバルコニーの形態から、地元では「骨の家」とも「あくびの家」とも呼ばれている。4 本の十字架を備えた白い塔は、にんにくを連想させる球根状の形態であり、植物の生命感を表現している。正面ファサードには、小さなバルコニーがいくつも設けられており、骸骨か仮面のようにも見える。カタルーニャの伝説やカーニバルに由来する解釈がなされるなど、さまざまなイメージを喚起するデザインで満たされている。カサ・バトリョは 2005 年にユネスコの世界遺産に登録されている。

滑らかさに触れる

ガウディは、階段や内壁をつくり直す過程で、各部に曲線的なデザインを持ち込み、カタルーニャ特有のタイルやステンドグラスの装飾を散りばめた。建物の外観・内観のすべてがうねるような曲面で構成されており、直線的な要素はほとんどない。エントランスから 2 階へ続く階段上部には、亀の甲羅と水泡を連想させる網目模様の不整形な楕円形の天窓が設置されている。階段の手すりに手を添えると、滑らかに変化する手すりの上を滑りながら自然に上階へと導かれる。

建物の中央部には天窓が設置されており、カタルーニャの乾いた眩しい光が吹抜け空間を通って小さなパティオへ流れ落ちる。吹抜け壁面タイルの色彩は、上部から下部にかけて濃紺から白色に変化し、また、下部ほど大きな窓がしつらえてある。色彩の濃淡や窓の大きさを変化させながら、天窓から注ぐ自然光を滑らかに邸内に引き込んでいる。光にきらめく青色タイルを見上げると、深海にでもいるような感覚になる。

写真（左）：2 階階段室ホール

豊島美術館

西沢立衛 ◆ 香川県小豆郡 ◆ 2010 年

瀬戸内海に浮かぶ豊島、海を見晴らす丘の中腹に棚田に囲まれ空から舞い降りたようなコンクリート・シェル空間がある。アーティスト・内藤礼と建築家・西沢立衛による美術館である。

豊島の台地は豊島石でも知られる岩からなり、降った雨がこの岩を通して浄化され湧き水となる。ゆえに古くから、瀬戸内海のほかの島にはない豊かな水源を利用して棚田での稲作が盛んに行われてきた。しかし、1970 年代から産業廃棄物の不法投棄が始まり、島内の処分地には船で産廃物が持ち込まれ、ゴミの島と呼ばれるようになった。また棚田には休耕地も目立ち、荒廃していった。住民らはかつての美しい島を取り戻そうと県に対し公害調停を申請し、2000 年の調停成立まで約 25 年間抗議活動を続けた。この間に住民たちが重ねた寄り合いは 6,000 回とも言われる。この結果、県の正式な謝罪へとつながり、有害廃棄物なども対象とした公費による原状回復が行われた。

豊島での 20 世紀後半におけるこの出来事は、わが国の高度成長期社会が生み出した一側面として継承すべき歴史であろう。

足裏で空間をとらえる

コンクリート・シェルは広さ 40×60 m、最高高さ 4.5 m の大きな無柱空間で、内部には 2 つの穴の開いたシェルと、穴から眺める空、コンクリート床がある。館内へは靴を脱いで入り、穴から雲の流れを臨み海風を感じる。床はモルタル仕上げで、足裏からひんやりとコンクリートの硬さが伝わってくる。この床を足裏でとらえつつ、高く広がる空を見上げながら、豊島の地面とこの大きなコンクリート・シェルにより覆われたはざま、雲の動きとともに移ろう空間に自分がいることを感じる。視線を床に落とすと、微かながらけれど確かに、滴が生まれそして消えていく。この滴の生誕は、注視するとあちこちで起こっていて、2 つの滴が重なったり、さらに一筋の流れになったりする。私たちが平らに感じるその床面は、滴たちに運動エネルギーを与えているのである。降り注いだ雨水は豊島岩を浸透して清らかな湧き水となり、この島に恵みをもたらしている、そのことをここに佇み感じることができる。

写真(左上)：刻々と変化する滴　　（右上）：コンクリート・シェルの無柱空間
（豊島美術館 / 内藤礼「母型」2010 年 / 写真：森川昇）

▌クンストハル

レム・コールハース ◆ オランダ・ロッテルダム ◆ 1992 年

クンストハルはロッテルダム中心部のミュージアム・パーク南端に位置し、収蔵庫をもたない展示のみの美術館である。エントランスのアプローチを兼ねるスロープが、イヴ・ブリュニエとの協働によりランドスケープ・デザインがなされた前庭から、ボリュームを貫通し、南端の堤防足元の通りをまたぎマース通りへとつながっている。街路を立体的に展開した構成は、建築を閉じたものとしてではなく、都市の一部として位置づけるものである。平面は正方形で、東西にはしるマース通りに平行する通りと、ミュージアム・パークの南北方向の軸線に沿うスロープにより分割された 4 つのブロックから構成される。3 層 4 分割されたボリュームには 3 つの展示空間、オーディトリアム、ブックショップ、レストランなどが配置される。3 つの展示空間とオーディトリアムは、4 つのスロープによりつなげられている。オーディトリアムを構成する斜行空間が建築的特徴となっており、特に夜景では斜行床が浮いているように見え、印象的な外観をつくりあげている。

床に触れる

クンストハルは、展示室をつなぐスロープとオーディトリアム
の斜行床から構成される立体街路空間を大きな特徴とする。こ
の都市と連結する立体街路「トラジェクトリー」は「ジュシュー
大学図書館」コンペ案へと引き継がれ、以降コールハースの多
くの作品で試行されるものである。階段やエレベーターなど垂
直移動に限定された建築要素に比べて、回遊性のバリエーショ
ンとダイナミックなシークエンスの構成が可能であり、美術館
には特に適した建築手法といえる。また、オーディトリアムは
本来独立性の高い空間で美術館の回遊性から外れることが多い
のだが、通路としての機能を兼ね備えた斜行空間とすることで
立体街路に組み込まれている。オーディトリアムを歩くと、否
が応でも床が斜行していることに意識が向けられ、展示空間と
のつながりからカラフルな椅子が展示品に見えてくる。都市と
連結する立体街路空間により、多様な視覚体験とともに身体を
伴うダイナミックな移動体験を可能にしている。

写真(左上):オーディトリアムの連続する通路 (© 吉松秀樹)
写真(右上):展示品のようなカラフルな椅子

ワット・ロンクン

チャルームチャイ・コーシピパット ● タイ・チェンマイ ● 1997 年着工（工事継続中）

金色で豪華なタイ寺院が多いなか、チェンマイの郊外にある
ワット・ロンクンはきらきら輝く純白の姿で世間の目を奪って
いる。著名な地元のアーティストによってデザインされたこの
壮麗な「アート寺院」は、仏教と神話をモチーフとし、タイの
伝統的建築様式と現代の文化を融合させたものである。1997
年から建設を開始し、現在も建築中である。仏教の礼拝施設だ
けではなく、人気観光スポットともなっている。
西洋風の庭園に包まれた建物の白い外装は、仏教の教える清浄
な生活、仏陀の清らかな存在を感じさせる。本堂の前には地獄
をイメージした池があり、中からは苦境からの救いを求めよう
とする無数の手が伸び、その奥に不安と恐怖があふれる、鬼の
ような歪んだおぞましい形相が現れる。その上に「輪廻転生」
を意味する橋が架かっており、それを渡ると、橋の端に立つ仏
が穏やかな表情で現れる。その全身には光を反射する銀色のモ
ザイクタイルがはめられている。さらに奥に進むと、天国の扉
が開き、神聖な浄土を表現する白塗りの本堂が現れる。

突起物に触れる

さわやかな青空。緑滴る樹木。白く輝く本堂。芝生に囲まれて
いる澄んだ池の水は、彩りのある景色を映し込み、息をのむほ
ど美しく純粋な世界を洗い出している。海を司る神の龍は、庇
の先、橋の手すりなど、いたるところに凛とした姿で鎮座し、
寺院を守っている。寺院内には、建物の装飾と同じモチーフを
もつ仏や蓮などのオブジェが数多く並ぶ。回廊の天井に吊るさ
れている木の葉のようなアルミ板製の絵馬もその一つの例で、
遊び心に満ちている。装飾の突起物は、天使の翼のように美し
く広がり、雪が舞い降りるように園内で漂っており、清らかで
影なく、埃なく、近づきがたい仏教の浄界の神秘さを秘めてい
る。職人の匠と感性、宿っている仏心が感じられ、見る者の魂
をゆさぶっている。
地獄と天国がともに現れることは、生と死、善と悪を体験させ、
仏教の思想にある「因果応報観」を連想させ、心身を浄化させ、
現世での功徳を積む修行の大切さを教えてくれる。

写真（上）：西洋風の池に姿が映っている「アート寺院」

横浜港大さん橋国際客船ターミナル

Foreign Office Architects(FOA) ◆ 神奈川県横浜市 ◆ 2002 年

1995 年に実施された国際コンペで最優秀案に選出され、5 年間の実施設計を経て 2002 年に竣工した国際客船のターミナルである。コンペ設計時から竣工に到るまで、模型の制作を原則禁止とするなど、コンピュータによって設計されたコンセプトは「Continuous Architecture」である。

床・壁・天井といった建築の各要素によって構成される従来の空間構成とは異なり、連続する面によって空間を構成するContinuous Architecture は、FOA の 2 人が教鞭を執っていた AA スクールで理論が形成され、デジタル技術の発展に伴い世界中に多大な影響を及ぼしているが、世界で初めて実現した大規模連続的建築としてエポックメーキングな建築である。

強制的に触れる

大さん橋の建築の特徴として、機能が客船ターミナルのみではなく、内部には多目的ホールが、屋上にはウッドデッキや芝生広場からなる公園が計画されている。幅 100 m の内部にターミナルやホールが存在するため、連続している床が壁になったり、斜面になったり、天井になったりと、シークエンスがダイナミックに変化する。屋上の下部に配置されたターミナルやホールは折板状のトラスによって支えられ、柱がない大空間となっている。

全長 480 m にわたる建築は一部の階段を除いて緩やかに続くスロープでつながっており、安全上の対策から手すりが設置されているものの、FOA によるコンペ案では屋上は波のような曲線面が続いているのみである。斜面が芝生広場となっているのも、本来はさまざまな曲線面に触れてほしいという設計者の考えであろう。床・壁・天井を連続した同一要素として計画された屋上公園のさまざまな部位に触れることで、あたかも建築が自然の地形のように感じられるはずである。

写真(左上)：大さん橋ホールの前の広場
写真(左下)：屋上公園へつながるスロープ

ドラード和世陀

梵寿綱と仲間たち ◆ 東京都新宿区 ◆ 1983 年

街中で多少奇抜な建築物があったとしてもわざわざ足を止めて
見ることは少ないが、ことドラード和世陀にいたっては足を止
めざるを得ない。外装すべてに施された彫刻や模様、有機的な
形状、色彩豊かなタイルなど、一見すると何の建物か不明であ
るが、1 階がギャラリーと美容院に、そして 2 階以上は集合住
宅となっている。梵寿綱自身もその一室に居住し、かつては設
計事務所を構えていた本拠地でもある。

その独特の形状は設計図によって詳細が描かれることはなく、
おもしろそうという理由だけで梵寿綱のもとに集まった仲間た
ちが即興で施工していったと聞く。日本のガウディと称される
ことも多いが、決して西洋様式の模倣に留まらず、随所に東洋
のモチーフや木工、鉄細工、ガラス細工の専門家による仲間た
ちの思想が反映されている。

手づくりに触れる

居住者以外の人が触れるのは 1 階部分のみであるが、入口の床
にはバリの魔女のモザイク画が埋め込まれ、エントランスロ
ビーには竹田光幸による手の彫刻が空中に浮かんでいる。独創
的なステンドグラス、左官に埋め込まれたタイルの数々、どこ
を眺めても手づくりによる造形があふれ、既製品は躯体とサッ
シが目に入る程度である。はたして、この中で人々はどのよう
な生活をしているのか覗き見たくなる。

ドラード和世陀の木工を担った仲間たちのひとりである吉川敏
夫のゲストハウスを学生時代にセルフビルドで建てたことがあ
る。吉川敏夫自身もおもしろそうだといって毎週末の施工に参
加し、話を聞きつけた左官職人もおもしろそうという理由で集
まってきた。合理性だけを追求するのではなく、建築を楽し
む、空間をつくりだす楽しさを味わうといったことを、この建
築物を見るたびに思い出させてくれる。

写真（左）：竹田光幸によるエントランスロビーの手の彫刻

リスボン水族館

ピーター・シャーマイエフ ◆ ポルトガル・リスボン ◆ 1998 年

ポルトガルのリスボンは、起伏に富み、市内各所の展望台や坂から海のように大きなテージョ川を見渡すことができる。大航海時代には、このテージョ川から多くの冒険者たちが世界へと旅立っていった。1998 年開催のリスボン万博において、この歴史あるテージョ川に人工のラグーン（潟）を築き、万博会場としてつくられたのがリスボン水族館である。

こうした背景のもとにできたリスボン水族館は欧州最大規模の水族館であり、大阪の海遊館と同じくピーター・シャーマイエフが全体を設計した。独特で厳しい要件があるマンボウを収容する世界でも数少ない水族館の一つであり、展示スペースを生息地ごとに分けるなど、世界全体をカバーしようとしていることがうかがえる。

万博会場だったことから、水族館のすぐ近くにはアルヴァロ・シザ・ヴィエイラによって設計されたポルトガル館などもあり、テージョ川や元々ある天然のラグーンなどを見ながら近隣エリア一帯で建築と水を絡めた五感を楽しむことができる。

触れる距離で観る

外観からわかるように、館外からのアクセス路が水族館の建物
の上方につながっている。館外からスロープを上がってアクセ
スした高さを地上階として設定し、North Atlantic、Antarc-
tica、Temperate Pacific、Tropical Indian という4つの生
息地ごとのタンクを見て回る形式になっている。これらのタン
クは表出しており、外からも4つのボリュームがわかる。
観客は上方階を水族館の地上階として回り、水面よりも上にい
る生物を見て歩くことができるが、地上でも活動できる鳥類が
客のすぐ上を舞ったり、触ろうとすれば手の届く範囲にいる。
訪れた人々は思わず手を伸ばしたり、日常よりも近い距離にい
る動物たちを撮影する光景がある。実際には触れないが、すぐ
手の届く距離感がこうした気持ちの高揚感をつくっている。下
方階は水中階の展示となっており、地理学的展示のなかでさら
に地上階、水中階という違いで分けられた展示室をあたかも地
球を回りながら楽しめるような動線計画となっている。

写真(左上):リスボン水族館の海側ファサード
写真(右上):上方階、鳥類の展示室

笠原小学校

象設計集団 ◆ 埼玉県宮代町 ◆ 1982 年

田園地帯にある笠原小学校は、象設計集団によって「教室はすまいだ」というコンセプトで設計された。30,000 ㎡の敷地に、低学年の扇型棟、中学年・高学年の直線型棟およびコの字となったこの３つの棟に囲まれた中庭と運動場などが配置されている。２階建の各棟は、普段見かける鉄筋コンクリート造の建物と違って、切妻瓦屋根、凹凸が多い壁、朱塗り欄干、赤の窓枠で構成されたため、民家が建ち並ぶ集落のように、周辺の戸建住宅の環境に融合している。

外部に向かって開放的となった廊下から眺められる緑の豊かな中庭には、小山や砂場、池などの点在し、探検できる場所がいっぱいある。低学年の棟にある、テラスやアルコーブ、庇などを備えた住まいのような教室からは、直階段によって、どこからでも丘陵地帯の中庭へ直接アクセスできる。運動場と中庭の区切りをつける長さ 150 m の円弧通路となった土堤の上に、赤い円柱が立ち並んでいる。土堤は正門から各教室へのアクセスとしても活用され、走り回る児童たちの心をつなぐ。

体で触れる

登校し、素足で半屋外の廊下を移動すると、足の裏を通して大地とつながっている感覚が体に浸透してくる。目が回るほど発見は次から次へ。廊下の列柱に彫り込まれた「いろはカルタ」、手すりに大きな算盤の珠、どこでも触りたくなる。手は届かないが、上を向けば、天井に刻まれた星座が見える。

先人からの文化は、自分の目、自分の体で発見し、無言のうちに身につく。教室側のガラス張りの「電車小屋」で風を避け、反対側の対面式のベンチコーナーで風を受け、中庭に出て山に登り廃墟と池を探り、棚上の藤で季節を感じ、友達と一緒に自然に触れ合っている間に友情は深まっていく。どこでも行きたくなる。大小さまざまの瓦葺き屋根、街路灯、煙突の光景が目の前に展開され、水飲み場の隣に蛙の彫刻が座っており、屋根の棟に鳩の彫刻が休んでいる。確かに中庭から鳥のさえずりが聞こえる。現実と幻覚が交錯する。まるで童話村ではないか。人生の原風景が仕上がる幼い心に、知らない世界の窓が開く。

写真(左上)：民家が建ち並ぶ集落のような教室棟
写真(右上)：「電車小屋」(左側)とベンチコーナー(右側)が見える廊下

キスタ図書館

ウェスター+エルスナーアーキテクツ ◆ スウェーデン・ストックホルム ◆ 2014 年

キスタ図書館(Kista Bibliotek)は、2014 年にショッピングモールの中にオープンした図書館で、2015 年に「Public Library of the Year（公共図書館賞）」を受賞している。外観はガラス張りで、内部も壁や仕切りがほとんどないオープンなプランニングとなっており、学習ゾーンや読書ゾーン、キッズゾーンなどの異なる機能をもつゾーンに分けられている。

こうした開放的な空間づくりとなっている背景の一つとして、この図書館の立地があげられる。図書館が位置するキスタ地区は人口の約 8 割が外国出身者で、民族的に非常に多様な地区である。また、商業の中心地でもあり、さまざまな仕事をする人たちが集まりやすい立地でもある。キスタ図書館は、このキスタ地区の中央にあるため、地域社会において人々をつなぐ「出会いの場」になっている。

こうした背景から、勤めているスタッフも、多くの異なる言語を話せる多様な経歴の人たちとなっており、さまざまな職業や民族に対応できるよう配慮されている。

さまざまに包まれる

この図書館の特徴は、人々が多様なかたちで利用できる空間デザインが考えられている点である。左の写真のように、カラフルなオブジェクトに腰掛けて本を読んだり、右の写真のように窓の内側のスペースを活用して落ち着いた時間を過ごすことができる、単に本棚と机・椅子というだけではない、さまざまなしつらいが各所に散りばめられている。

ほかにも、エントランスを入ってすぐのガラス壁沿いに並んだハンモックのエリアや、三角屋根の家型フレームに囲われたテーブルなど、図書館内のどこに行っても同じ景色は見当たらない。場所ごとに大胆にあしらわれた色遣いも刺激的である。デジタル化が進んだ現代社会であるが、私たち、生身の人間が実際の空間や什器に包まれて過ごすことには、変わりがない。キスタ図書館では、利用する人それぞれが、思い思いの場所で、さまざまなかたちで「包まれ」ながら、本や人々と出会い、時間を過ごすことができる空間が提供されているのである。

写真（左上）：カラフルなオブジェクトに腰掛けて読書する様子
写真（右上）：窓際のスペースで思い思いに過ごす様子

サン・パウ病院

リュイス・ドメネク・イ・ムンタネー ◆ スペイン・バルセロナ ◆ 1930 年

1902 年から 1930 年にかけて建設されたサン・パウ病院は、アールヌーボー時代、スペインにおけるモデルニスモ時代の豪華な病院としてつくられた。遠景からは多様なモチーフが概観でき、建築構造と装飾とが相まった美しさがうかがえる。また内観は、幾何学的な構造と自然が描かれた多彩美とが調和している。この「世界で最も美しい病院」とも評されるサン・パウ病院の建築群は 1997 年にユネスコの世界遺産に登録され、1916 年から 2009 年まで 90 年以上もの間、病院としての役割を果たした。バルセロナ建築学校（現カタールニャ工科大学建築学部）の教授であったリュイス・ドメネク・イ・ムンタネーは、同時期にカタルーニャ音楽堂を設計しており、ともに装飾性のある豪華なモデルニスモを代表する建築物となった。

病院の敷地内は散策することができる。病棟がシンメトリーに並んでいるが、それぞれに近づくと、外観タイルの違いや内装の違いにすぐに気づく。手術棟はガラス張りで、開かれた特別感のある空間に仕上がっている。

多色にして触れさせる

壁・床・天井などあらゆる面には彩り豊かなタイルが使われ、
さまざまなものが描かれている。単なるタイルユニットを配置
してつくるドットのスケールだけでなく、数センチ単位のユ
ニットタイルをさらに細かく割ったタイルを、数ミリ単位まで
細やかに面に埋め込んで描いた大作が数多くつくられている。
この建築群・配置計画での特徴は、外観では分棟して配置して
いるように見えるが、地下には全分館どうしをつなぐ回廊網が
存在することである。当時の病院建築において革新的発想とし
て考えられたこの回廊＝動脈は、外観や内観の多彩さとは対照
的に、白さを強調したものとなっている。
病院を分棟配置にすることで感染症の広がりを防ぐメリットが
読み取れるが、この白い回廊で移動する際には、その白い色だ
からこそ気づきやすい天窓からの光や、各病棟へ近づくにつれ
ての消毒のにおいがあったことなど、さまざまな五感を感じさ
せてくれる場所になっている。

写真（上）：多柱式ホール上階から手術室棟方向を展望する

モエレ沼公園

イサム・ノグチ ◆ 北海道札幌市 ◆ 2005 年

モエレ沼は札幌市中心部の北東、豊平川の蛇行によって生じた
三日月湖に囲まれた土地である。モエレとはアイヌ語「モイレ
ペツ」(静かな水面、ゆったり流れる) に由来する。ここは、札
幌の市街地をグリーンベルトで包み込もうという構想の拠点公
園として 1970 年代に計画された。当時札幌市はごみ問題への
対応も必要としており、この地にまず地形造成のためにごみを
埋め立て、その後公園として整備するという計画であった。

イサム・ノグチは日本人の父とアメリカ人の母をもつ世界的彫
刻家である。彼はこの地を「彫刻としての公園」とする計画を
立てた。つまり公園全体をひとつの彫刻としてとらえ、人の歩
く園路と広場を幾何学的な線で構成し、水・緑・山に互いに関
係をもたせた配置デザインである。

イサム・ノグチ自身はこの公園の完成を見ることなく、1988
年 12 月に他界している。しかし、彼の遺志は関係者によって
受け継がれ、「地球そのものが彫刻」と語ったその言葉どおり
の空間ができあがったのである。

自然の大きさに触れる

約 188.8 ha の広大な土地にイサム・ノグチデザインの 126 基
の遊具と水・緑・山が配置されている。そのなかで「プレイマ
ウンテン」と名付けられた山がある。「プレイマウンテン」と
は、1933 年にイサム・ノグチがニューヨークにつくろうと構
想していたものである。彼はその後 50 年もの間、何度かプレ
イマウンテンをつくろうと試みたが、どれも実現しなかった。
それがこの札幌モエレ沼の地で実現したのである。
プレイマウンテン東側には、芝生に囲まれた斜面を頂上へ向か
う 1 本の白い道がある。広大な敷地を吹く風を感じながら一歩
ずつ頂上へ向かう。高さ 30 m でありながら、麓から眺めるそ
の道は大空へ続く果てしない道のように感じさせる。マウンテ
ン西側は 99 段の石段で構成されている。
「自然の中で自然の真似をしても負ける」という彼の言葉どお
り、人知の形である石積みによって構成された要素が自然の大
きさを感じさせてくれる。

写真（上）：カナール北端からプレイマウンテンを臨む

東大寺柱

奈良県奈良市 ◆ 8世紀前半

東大寺の大仏殿は、聖武天皇によって建立された、盧舎那仏坐像を安置している世界最大級の木造建築物で、国宝に指定されている。政変や反乱などが相次ぐ世相に対して仏教によって治めようと、全国に国分寺の創建を推進した一環で大仏の造営が始まり、751年に大仏殿が完成した。その後、二度焼失し、時代によっては放置されたこともあったが、鎌倉時代と江戸時代に再建され、現在の建物は江戸時代のものである。

再建された大仏殿は、創建時11間あったものが7間に縮小された。大きな柱材の調達が困難であったため、心材を檜板で囲い、いわゆる集成材のような工法を用いて鉄釘と銅輪で柱を締めた。柱は60本あるが、1本だけ直径120cmの柱脚に約縦37cm、横30cmの穴が開いた柱がある。古来よりこの地では柱をくぐり抜けることで厄除けのご利益があるとされている。

狭さに触れさせる

大仏殿の右奥の柱に行列ができている。先頭の人は柱に開けられた小さな穴をくぐり抜けようとしている。とても小さく、大きな大人は到底くぐれない大きさである。穴を覗くと、多くの人が通ったため、穴の内部の木の表面は滑らかになっている。その穴はいつからあるものなのか。1565年に奈良を訪れたとされるイエズス会宣教師ルイス・デ・アルメイダの日記に「大仏殿の内部の柱に人が通り抜けられるほどの大穴が開いている」とあることから、鎌倉時代に再建された大仏殿にすでにあったと推察される。今も昔もこの小さな穴に人々が魅了されていると考えるとなんだか楽しい。子どもの頃、狭く小さなところに入った記憶を多くの人がもっている。それは胎内回帰で安心感が得られると同時に、通常の空間とは違う空間体験は非日常感のわくわく感があるかもしれない。その記憶をもつ子どもも大人も、この小さく狭い穴に未来永劫、魅了されるのだろう。

写真（左）：柱の穴くぐりを経験する子ども

伏見稲荷大社の千本鳥居

京都府京都市 ◆ 江戸時代

伏見稲荷大社は全国に 3 万社あると言われる稲荷神社の総本社であり、稲荷山全体が神域である。創建自体は 8 世紀前半とされているが、平安時代に隆盛をほこり、本殿は応仁の乱で消失したのちに 1499 年に再建された。流造で再建された本殿に限らず、境内にある建物は水銀によって朱色に塗られ、魔力に対抗するのみならず防腐剤としての機能も有している。

本殿を抜けた後に立ち並ぶ千本鳥居は稲荷山の奥宮から奥社へ続く参道に密集して建てられ、江戸時代に商人が結願の印として奉納したのが始まりである。境内に鳥居は約 1 万基、いわゆる千本鳥居には約 800 基あり、奥社に向かって右側が進む鳥居群、左側が戻り専用の鳥居群となっている。防腐剤を塗布されていても、おおよそ 10 年で朽ちていく鳥居であるが、現在でも奉納される新しい鳥居によって千本鳥居は維持され、江戸時代より続く風習が現在まで脈々と受け継がれている。

反復に触れさせる

千本鳥居を形成する鳥居は高さ 2 m で、奥行は 100 m ほどである。隙間なく建てられているように見えるが、少しずつあいた隙間から日が差し込み、周囲の音が聴こえ、境内の自然が見える。朱色と樹々の緑のコントランストがいっそう千本鳥居を浮かび上がらせ、美しさと同時に厳粛さを感じる。参道が湾曲しているために奥を見通すことはできず、初めての参拝時には鳥居がどこまで続くのか、期待と不安が渦巻くことであろう。古来より洋の東西を問わず、宗教建築においては要素の反復によって空間を創出してきた歴史があるが、千本鳥居は治世者によって指示され建立されたものではなく、商人や町人によって形成された稀有な例である。鳥居の両柱に刻まれた建之者と建之日の文字を目にすると、稲荷神の影響力とともに商人のたくましさを感じることができる。

写真(左)：約 800 基の鳥居による千本鳥居（© 郷田桃代）

視覚　聴覚　触覚　嗅覚　味覚　時間　多様

光の教会

安藤忠雄 ◆ 大阪府茨木市 ◆ 1989 年

光の教会は、十字架を建築と環境そのもので表現しようとした
稀有な礼拝堂である。プロテスタント系の教会ゆえにカトリッ
ク教会に見られるような装飾は一切排除され、幅 6 m、奥行
18 m、高さ 6 m の直方体を基本形としたコンクリート打ち放
しの空間に、木質の床と簡素な椅子が置かれている。

礼拝堂の空間を特徴づけるのは光の十字架であり、コンクリー
トの壁にスリットとして十字状の切り込みで表現されている。
内部には、十字状のスリットから自然の光が差し込み、建築と
環境の関係からつくりだされる光そのものが十字架となり、幻
想的で静寂な光の空間を演出する。この十字状のスリットは縦
横方向に壁一面を貫いており、十字の上半分は壁を吊り上げる
など、工学的・生産的な制約のなか、光の十字架が担う空間に
より教会建築に新たな「ひかり」を込めた。

光に触れさせる

コンクリート打ち放しの直方体の基本形に、鋭角に貫く壁を 1
枚挿入する。この斜めに挿入された壁の隙間に開口部が設けら
れ、光の十字架とともに内部の明るさを調整している。さらに
斜めの壁は礼拝堂の入口を絞り込み、内部空間の非日常性を演
出する茶室の躙口のような役割を果たしている。

内部空間への視線がコントロールされた入口から中に入ると、
視線は一点に引き寄せられる。十字状のスリットと自然の光が
つくりだす光の十字架である。コンクリートの無機質な壁と光
の十字架のコントラストが静寂な「ひかり」を空間内に満たす。
暗い木質の床は光の十字架を十分に反射させ、足元まで伸びる
光を映し出す。十字架の延長線に立つと、まるで光が自分に迫
ってくるような、そのまま体が光に射抜かれるような幻想を抱
く。この礼拝堂は光を「図」として演出することで、光と陰の関
係を転換させ、「地」としての建築を構成しているともいえる。

写真（左）：光の十字架で満たされた礼拝堂内

視覚　聴覚　触覚　嗅覚　味覚　時間　身体

ヘロディス・アッティコス音楽堂

ギリシャ・アテネ ◆ 161 年

アテネのアクロポリス（高所の城市の意）は、古代ギリシャの最盛期である紀元前5世紀中期にペリクレスによってパルテノン神殿などの建設により整備されたが、その南西の崖下にヘロディス・アッティコス音楽堂が建てられたのはそれから約600年後、古代ローマの支配下におかれてからである。建設当時、白大理石でつくられた32列の客席は約5,000名が収容できる堂々とした屋外劇場であったが、その約100年後にゲルマン民族（ヘルリ族）が侵入した際に破壊されてしまう。しかし、1950年代に観客席と舞台の改修が行われ、1955年より毎年夏に2カ月半にわたって開かれるアテネ・フェスティバルの会場として使われ、世界中から集まったさまざまなアーティストによって音楽、演劇、舞踊などが演じられている。

歴史に触れる

古代ローマ時代に植民都市だったところには、今日でも当時の遺構が多く見られ、2000年も経過したにもかかわらず、その石造りの骨格から当時の威容を偲ぶことができる。しかし、建設されてから今日に至るまでさまざまな使われ方がされてきた。南仏アルルの円形闘技場は、西ローマ帝国が滅びた後、その中に多くの人々が住み、異民族の侵入や中世時代の争いから生活を守るため要塞化して、アルルの中に独立した小都市が形成されていたという。1825年にようやく用地が接収され修復されて今日の姿となり、闘牛や各種イベントに使われている。
もともとギリシャ神話の女神アテーナーを祀る神殿として建てられたパルテノン神殿も6世紀にキリスト教の聖堂となり、15世紀にはモスクとして使われたこともある。アテネの俗なる市街地と聖なるアクロポリスとの交点にあるこの音楽堂の石に触れると、石たちがこれまでに目撃してきた光景や、そこに刻まれた長い歴史の記憶に思いをめぐらさないではいられない。

写真（左上）：音楽堂から聖なるアクロポリスを見上げる
写真（左下）：音楽堂から俗なるアテネ市街を見渡す

マテーラの洞窟住居

イタリア・バシリカータ州

市街地のすぐ裏手、蛇行するグラヴィーナ川が深く浸食してつくりあげた渓谷に出ると、この景観に遭遇する。水面に近い下部から最上部の市街地まで、川の西側の急斜面全体が洞窟住居（サッシ）の集合体である。洞窟住居は地中海周辺でしばしば見られるが、ここでは断崖全域に展開している。建築材料が現地の軟らかい凝灰岩（トゥーフォ）であるため、自然の洞窟か人が掘ったのか、人工の建築物が廃墟となり岩山に戻ろうとしているのか判然としない。

住居形式としては、横穴の洞窟住居と、洞窟の前面に部屋を加えた住居、全体を地上に建てた住居の3種類があり、前庭や中庭をとって数戸ずつ集合している。集合形式は南イタリアに一般的なものである。住居の壁面と2階バルコニーの垂直面、バルコニーを支えるアーチ、斜面に直角あるいは斜めにのぼる外階段、曲がりくねる坂道などが微妙に異なる形で集合している。単純な構成原理が特別な地形と組み合わされて、特有な造形が生み出されている。

時の集積の感触

この斜面に人が住んだのは有史以前からのようだが、8世紀以降に東方のギリシャから修道僧が移住して修道院を設けた。16世紀には1万人を超えるまで繁栄し、除々に高台の平たん部に街が展開した。19世紀には平たん部とサッシとの間で社会階層の差が顕著になった。20世紀初頭には居住環境が悪化し、カルロ・レーヴィが『キリストはエボリで止まった』でダンテ『神曲』の地獄になぞられて描いたことでも関心を呼んだ。第二次世界大戦後に都市改造があり、ほとんどの住民が郊外に去った。サッシは貧困の象徴として見捨てられたのである。しかし20世紀末には価値が見直され、1993年に世界遺産に登録された。市当局による再生計画が進み、再び移り住む人も現れ、ホテル、食堂、売店などにも利用されている。

この景観が発する異様な迫力は、触覚を刺激する凝灰岩のざらついた質感を伴った長い歴史の集積が、いちどきに眼前に展開するからだろう。

写真（左上）：斜面にサッシが展開するチヴィタの丘（© 佐藤将之）
写真（右上）：対岸から眺めると集積する様子がよくわかる（© 積田洋）

ハイライン

ジェームズ・コーナー+ディラー・スコフィディオ+レンフロ ◆ アメリカ・ニューヨーク州 ◆ 2009年

全長約2.1km、ゆっくり歩くと約1時間、廃線となった線路のレールに沿ったライン状の公共空間である。始点にあたる地区はかつて製肉工場や市場があり、船で運ばれた荷物が鉄道で出荷される交通の要所で、鉄道と道路が交錯し交通事故が多発するエリアであった。そこで、ニューヨーク市は1930年代、円滑な流通と市民の安全を目的に高架鉄道橋ハイラインを建設した。1980年代に貨物鉄道が廃止されると、このエリアは風俗業などにより治安が悪化し、ハイラインは20年近く放置され、1999年には取り壊し計画がもちあがった。この状況に対し、2人の市民が歴史遺産を保存して新しい公共空間を創造しようと呼びかけ、現在のハイライン再開発がスタートした。

寝そべって、腰かけて都市を感じる

マンハッタンは、高密度に建物がそびえ立つ街区が東西・南北に直線的な道路で区画されている。ハイラインは22街区を地上約9mのレベルで横断するライン状の空中散策路である。この地上9mのレベルまでは、アクセスポイントと呼ばれる地点で、階段やエレベーターにより道路レベルと接続する。始点のホイットニー美術館エリアはハドソン川に視界が開かれ、ウッドベンチに寝そべり夕陽を眺めたり、水の流れるテラスで裸足になって涼をとる。この周辺には高い構築物がなく、荒廃していた時代に線路に自生していた草花が植栽されており、広がる空や街の風景を眺めることができる。道路上に浮かぶ10番街展望デッキでは、車の往来による振動を座面で感じながらベンチに腰かけ、渋滞を眺める。

旧食肉倉庫はホテルに改修され、活気ある新しい観光スポットとなった。過去の物流拠点として廃れ消去されようとしていた産業遺産は、市民主導により、人々が歩き、季節を感じ、街に触れる公共空間へと保存・転用されたプロジェクトである。

写真（左上）：ハドソン川沿いサンデッキ
写真（左下）：ハイラインをまたぐ standard hotel

視覚　聴覚　触覚　嗅覚　味覚　時間　多様

4

嗅覚

人間はほかの動物に対して嗅覚が鈍いという。しかし、
建築物の中に入った瞬間に感じる木や畳、庭園の緑豊かな
若葉、果樹園の甘酸っぱい香りなど、空間の体験を彩り豊かに
している。空間に入った瞬間の印象を左右し、内部空間だけ
でなく地域を漂うサインとしての活用も期待できる。
見えないが空間の雰囲気を感じるといった経験からの
蓄積による感じ方にも影響している。おいしいと感じたときの
におい、その逆を感じたときのにおい、その人にとって
強烈な記憶となることもあるだろう。
においが空間を印象づける場について解説する。

九份

九份は台湾島北部の丘陵地に位置する老街(ラオジエ)であり、台湾を代表する観光地である。老街とは清朝時代、日本統治時代に形成された古い街並みが残る地区のことをいい、九份は特にその時代の雰囲気を色濃く残している。かつては寒村であったが19世紀末に金脈が見つかり、日本統治期にゴールドラッシュに湧いて急激に発展した。

日本統治時代以降は衰退していたが、九份を撮影地とした映画「悲情城市」(侯孝賢監督、1989年)の大ヒットにより一大観光地となった。また、「千と千尋の神隠し」(宮崎駿監督、2001年)のモデルと噂されてから日本人観光客にも人気のある観光地となり、台北と合わせて同地を訪れる人は多い。

食材のにおいをかぐ

九份は丘陵地に広く連なる高低差のある街路空間から構成される街である。訪れた観光客にとっては、その狭い街路を縫うようにひしめきあって歩くこと自体が一つの名物となっている。並ぶ店舗はレトロ感たっぷりで、まさに老街らしさとは何かを訪問者に理解させ、それらが台湾らしい赤提灯に照らされるとさらなる情緒が生まれてくる。

台湾北部は雨が多いため、街路は店舗から伸びた庇やテントに覆われており、観光客は沿道の飲食店や土産物屋から醸し出される香りが充満した街を歩くこととなる。B級グルメとして知られる台湾風芋ぜんざいやピーナッツクレープにウーロン茶の香りが至るところからあふれてくる。なかでもひときわ過激なにおいを醸し出しているのが臭豆腐である。現地の人たちには愛されているが、観光客である日本人には好んで食すものは少ない。しかし、においは否応なしに街路に充満している。結果として、九份を訪れた人たちには、街路空間の魅力とともに、臭豆腐のにおいも強烈に記憶に刷り込まれることとなる。

写真(左):九份の街並み

名古屋城本丸御殿

小堀遠州・中井正清・平内正信ら ◆ 愛知県名古屋市 ◆ 2018 年（復元）

徳川家康による名古屋城築城着手ののち、尾張藩初代藩主である義直の居所かつ政庁として 1615 年に完成。その後、将軍家光の上洛に合わせて改築された、書院造の最高傑作と言われる。1930 年には天守閣とともに国宝第一号に指定されるも、太平洋戦争の空襲により焼失。その後 1980 年代には再建の機運が高まり、調査委員会や市民団体が発足した。障壁画が空襲前に保管されていたこと、金城温故録、実測図、ガラス乾板写真など記録資料が豊富にあったことで復元が実現した。

玄関でまず、金地のうえに戯れる虎や豹に囲まれる。狩野派による「竹林豹虎図」である。そこから正式な謁見の間である表書院、私的な対面の場である対面所、将軍上洛の際の御在所となる上洛殿へと格式を上げながら、雁行する廊下で結ばれる。

自然素材をかぐ

書院造は対面儀礼の場として、付け書院や帳台構え、床や違い棚といった座敷飾りや、豪華絢爛で迫力に満ちた襖絵や天井絵、彫刻欄間や折上げ格天井など、最高の格式が極めて視覚的に表現されている。しかし、これらの造作や装飾を引き立てる背景となる建築は、総檜造による清々しい軸組構造である。

この壮大な総檜造を支えたのは、築城の際に掘削された堀川と、伊勢湾を介し木曽川を通じてつながる木曽の山林である。築城、城下町の形成に合わせて集まった職人と、豊かな山林を背景として名古屋に「ものづくり」の文化が生まれ、現代にも引き継がれている。木曽の山林も尾張藩の御用林として引き継がれ、復元にも大量の木曽檜が使われた。檜の芳香（ヒノキチオールなどのテルペン類）は抗菌効果のほか、心理的ストレス軽減の効果があるとされ、アロマセラピーにも用いられる。敷き詰められた畳のイグサも同様である。座敷飾りや襖絵に目を奪われるが、その背後には、伝統である自然の芳香がある。

写真（左上）：「竹林豹虎図」（復元模写）の部分
写真（左下）：対面所上段之間

浅草寺

東京都台東区 ◆ 628年

飛鳥時代、推古天皇36年(628年)に、隅田川で檜前浜成・竹城兄弟が漁をしていたときに観音像が掛かり、それに豊漁を願うと大豊漁になったとの逸話がある。その供養のため観音堂を修造したのが浅草寺の始まりとされ、現在は東京都内最古の寺である。現在の本堂は1958年に鉄筋コンクリート造で再建されたもので、いく度の天災に見舞われ再建を繰り返している。江戸期の1649年に完成した本堂は、1923年の関東大震災は免れたものの、1945年の関東大空襲の際に焼失してしまった。

境内は江戸時代以降、庶民文化の拠点となり、明治維新後に境内地は東京府によって公園に指定され、1区から7区の行政区画に整備された。現在の境内は、雷門、仲見世、宝蔵門、本堂が直線上に並んでいる。2つの門には大きな提灯がそれぞれ掛かり、特に雷門は大通りに面していることで浅草のシンボルとして、日本の観光地の象徴のひとつになっている。本堂前の常香炉から立ち上がる煙を仰ぎ、身体に頂くことで無病息災を祈る参拝者が絶えない。

建物の特性をかぐ

大通り沿いの雷門から、仲見世を通り、宝蔵門をくぐり本堂の
ある境内に入る。その道中には浅草土産として有名な雷おこし
や人形焼きといった菓子を扱う店舗が建ち並び、通りは甘い香
りで充満する。境内にさしかかると本堂前にある常香炉から立
ち上がるお香の香りが立ち込めて、庶民的な下町の空間から祈
りの空間へと誘われる。

本堂に入るとお香や墨の香りが充満していて、昔から脈々と続
く寺院空間としての権威を感じることができる。境内では香り
のほかにも、さまざまな音がこの空間を形成するうえで重要な
役割を担っていることがわかる。おみくじの棒が入った木筒を
振って奏でる音、賽銭箱に硬貨を投げ入れたときの音、僧侶に
よる祈祷のための読経の声など、さまざまな音が空間に響き混
ざり合い、香りとともにこの空間を特徴づけている。香りや音
の広がりによって、日本の街、寺院空間としての文化が凝縮し
た空間であり、日本らしさを象徴する重要な空間である。

写真（上）：浅草寺境内　本堂前

ワイナリー

ハビエル・バルバ ◆ スペイン・ビラフランカ ◆ 2008 年

バルセロナから西方向のやや内陸に入ったところにワインの街ビラフランカはある。ここにはスペインで有名なカヴァをはじめ、さまざまなワインを生産するワイナリーが点在する。この街は、ユネスコの無形文化遺産であるカタルーニャ地方の「人間の塔」でも有名である。人が人の肩の上に 5 〜 6 段積み上がって塔をつくるものであり圧巻である。ワインと合わせた観光も行われている。

ワイナリーは広大な葡萄畑の隣に建てられ、ワインの製造とともに見学・試飲や販売も行っている。その一つに、1870 年に創業した Familia Torres がある。このワイナリーは伝統的な製法を保ちながら、建築家のデザインによる新しい建物と見学者のためのセラー、工場をつくり、見学に彩りを加えている。

建物の特性をかぐ

見学ではワイナリーの歴史、ワイン醸造についての映像に触れる。ワインが人のつながり、Torres 家の歴史によってつくられ、今のワインが過去からの継承であることが実感できる。その後、トレイン型の電動カートで遊園地さながらに葡萄畑をめぐり、広大さを肌で感じることができる。また、葡萄畑を歩きながら葡萄の横に植えられた病気に弱いバラを見ることで、葡萄の病気を事前に防ぐといった豆知識を受ける。

工場内ではワイン醸造での葡萄の選別・発酵・貯蔵・瓶詰め・出荷などを知るが、圧巻は地下に設置されたワインセラーである。真っ暗でひんやりした地下広場空間を抜けると、真っ赤に照らされ整然と積まれた樽が出現する。ワインが熟成する途中のアルコールの香りが充満し、ワインがここで製造されていることが嗅覚でも実感できる。見学後の試飲では 4 種の生ハムとそれぞれに合わせたワインが提供され、食べ物によってワインが口の中でダイナミックに変化する味覚も体験できる。

写真（左上）：ワイナリー横のどこまでも広がる葡萄畑
写真（左下）：魅惑的にライトアップされたワインセラー

マーケット・ホール

MVRDV ● オランダ・ロッテルダム ● 2017 年

マーケット・ホールはロッテルダムの戦前の古い中心部ローレンス地区に位置する屋根付きの市場である。MVRDV がコンペにより選出された。空間的特徴は、ヴォールト状の形態と、長さ 120 m、幅 70 m、高さ 40 m、延床面積 95,000 m² の巨大なスケールにある。特異な形態の集合住宅（樹状住居）などが立地する再開発地区にあっても、その存在感は際立っている。商業施設と集合住宅からなる複合施設で、ホール下部には 96 の店舗、屋台があり、地下 1 階に巨大なスーパーマーケットと健康食に関する教育・情報・イノベーションセンターがある。アーチ状の屋根の部分には、228 戸の集合住宅が配置される。アーチ部分の大開口はシングル・ガラスのケーブル・ネット・システムを採用している。全体は抑えられたグレートーン、ヴォールト内部のカラフルな巨大壁画はアルノ・クーネンとアイリス・ロスカムによるアート作品「豊穣の角」である。

食材のにおいをかぐ

スポーツ施設を思わせるスケール感の屋根付き市場は、衛生上の理由から、伝統的な露店の食肉と鮮魚の市場は屋根付きとしなければならないという、オランダの新しい法律により実現した。MVRDV はこの制約を「市場のタイポロジーを発展させ、さらに市街中心部の密度を高めるために利用できないだろうか」と置き換え、この圧倒的なフォルムを生み出したのである。ヨーロッパの伝統的な露店や、積層した都市型商業施設とも異なる。その大きな気積から猥雑なアジアの市場のように強烈なにおいを感じるわけではない。カラフルなドーム状の壁画に包まれて、食材を眺めながら散策したり食事をする楽しさは、この場所でしか体験できないものである。一方、アーチ状の屋根にある集合住宅とは、窓か床窓を通してマーケットとの視覚的つながりがあるものの、音とにおいは遮断されている。

写真（左）：賑わう屋根付き市場（© 吉松秀樹）

視覚	聴覚	触覚	嗅覚	味覚	内的	身体

銀閣寺

京都府京都市 ◆ 1490 年

京都盆地の東に位置する東山の一角に、室町幕府 8 代将軍足利義政が造営したとされる銀閣寺がある。正式には東山慈照寺という臨済宗相国寺派の寺院で、相国寺の境外塔頭である。このうち観音殿が銀閣と称されるが、寺院全体を通称して銀閣寺と呼んでいる。盛時には 10 を超える建物があったというが、現存する遺構は東求堂、銀閣、本堂、弄清亭などがあるにすぎない。山裾に沿った地形からかコンパクトに凝縮された空間構成で、金閣寺より規模が小さく開放感もあまり感じられない。

境内の総門をくぐり、南に直角に折れた参道は銀閣寺垣と呼ばれる高い垣根によって視界が限定され、此岸から彼岸へと続く道を想起させる。再び左手に直角に曲がり中門を抜けると、正面に見える銀沙灘、向月台の右手奥に広がる錦鏡池のほとりに建つ建物が銀閣である。銀閣は木造 2 階建、初層を心空殿と称した書院造、上層は潮音閣と称した禅宗様の仏殿となっている。金閣が文字どおり金箔を貼った建物であるのに対し、銀閣には銀箔は貼られておらず、貼られていた痕跡も見られない。

香道の聖地

美術品の収集に熱心であった3代将軍義満は対明貿易を積極的に促進し、多くの名品を請来した。これら名画や名器は、大陸へ渡った禅僧たちによって持ち帰られ歴代の将軍に献上された。義政は同朋衆の能阿弥にこれらの格付けを命じ、ここに日本独自の美の基準が誕生し、体系化されたといえる。

この室町時代は応仁の乱以降、戦乱に明け暮れる一方で、茶道や能、華道、香道など多様な芸術が花開いた時代でもあった。特に香道は、室町時代に成立した日本独自の文化であり、単に香をたいてにおいを鑑賞するだけでなく、禅の精神性や礼儀作法、古典文学の素養も求められるなど、芸道として成立した。義政は志野宗信に命じ、香道の作法を確立し、銀閣寺において弄清亭という茶室に御香座敷をつくった。これにより弄清亭は香座敷の本歌とされ、香道の聖地と呼ばれている。このように義政の時代を中心に京都東山の一角で生まれた文化は東山文化と呼ばれ、今日まで続く日本文化を数多く生み出した。

写真（左上）：錦鏡池と銀閣
写真（右上）：銀閣　銀沙灘　本堂

京都五山送り火

京都府京都市

闇夜にうっすらと輪郭をなす東山如意ヶ嶽に一点の火が灯る。鴨川に集う大勢の人の視線を集めたその火は「大」の字の中心点であり、次の瞬間には5つの方向に火が展開され、お盆の京都に赤く輝く「大文字」が現れる。これを皮切りに、松ケ崎の万灯籠山・大黒天山に「妙法」、西賀茂の船山に「船形」、大北山の大文字山に「左大文字」、嵯峨鳥居本の曼荼羅山に「鳥居形」と、時間差を伴いながら次々に5つの送り火が点火される。

送り火はお盆に帰ってきた精霊を現世から再び冥府へと送り出す宗教行事であり、一般には8月16日の夕刻に執り行われる。家庭の玄関先や庭で個人的に行われるものから地域行事として行われる場合などさまざまあるが、京都五山の送り火は5つの山々をまたいで都市スケールで展開されるものといえる。京都市登録無形民俗文化財に登録される伝統行事として今も脈々と受け継がれ、京都の一大風物詩としても広く認知されている。巨大な送り火という象徴的なランドマークが離れて同時出現し、都市の様相を劇的に変える様はまさに圧巻である。

季節をかぐ

もくもくと煙を上げながら燦々と燃え上がる送り火。遠目に見るその炎は想像よりもずっとリアルで、護摩木の燃えるにおいが鴨川のほとりにまで立ち込めてくるかのような迫力がある。送り火の日、街には一大行事への高揚感とともに、哀愁が漂うようにも感じられる。それは精霊を送る日であるということ以上に、人々が夏という季節との別れを予感するからかもしれない。実際、暦のうえではすでに秋であるわけだが、まだまだ残暑も厳しい折、秋を実感することは少ない時節である。五山の送り火はそのような季節の変わり目にあって、都市全体で季節の区切りを確かに体感・共有するための仕掛けとして機能しているようにも思える。夜の京都を象徴的に照らす送り火は、30分足らずで夏の香りを残して消えてゆく。消えゆく送り火を見上げる人々の間に吹く夜風には、たしかに秋の香りが混ざっていた。このような大仕掛けの風物詩が人の手によって脈々と続けられてきたことに、改めて感じ入る思いである。

写真（上）：鴨川のほとりから大文字を望む

キューガーデン

イギリス・ロンドン ◆ 1759 年

約 250 年前、ロンドン中心部から西に位置するキュー地区に設立された王立植物園で、2003 年に世界遺産に登録されている。植物園の概念が誕生した場であり、公園であると同時に研究機関としての役割も担っている。探検家が世界各地で採集してきた植物を標本収集し、植物学の先端的な研究を行っている。新しい植物に学名を与える植物分類学者をはじめ、植物に関するさまざまな専門家が約 250 名在籍し、『種の起源』で知られるダーウィンも進化論の研究においてキューガーデンを実験場として密接な関係にあった。

キューガーデンに入るとまず、ガラスで覆われた温室であるパーム・ハウスを目にすることができる。また、テンパレート・ハウスなど世界最大級の温室や樹上散策路、四季で変化するさまざまな庭園があり、図書館やギャラリーには 200 年の間に蓄積された膨大な発見と知識がアーカイブされている。世界のさまざまな植物の生態環境が用意され、多様な植物が生きているキューガーデンは、植物世界の縮図である。

植物をかぐ

キューガーデンでは、アジアやアフリカ、アメリカなどの地域
固有の気候が用意され、そこではさまざまな条件のもとで育成
されている固有の植物種が集合している。来訪者は熱帯の植物
や砂漠の植物などを鑑賞しながら母国の原風景を想起し、また
異国の環境を気候や植物を通して学ぶことができる。

キューガーデンの温室は太陽の直達光をより多く採り込むた
め、太陽光がいつでも室内に垂直に入るように曲面のガラスで
構成されている。産業革命により飛躍的に向上した造船技術が
建築に輸入され、ガラスで覆われた鉄骨造の大空間の温室が可
能になった。温室にはさまざまな大きさと多彩な色をもつ植物
が育てられ、地域固有の温度や湿度、香りが充満している。内
部空間は観賞ルートに従ってあらかじめ領域が形成されている
が、植物固有の花や葉の育ち方で領域が再形成されている。こ
の植物が混生する空間では、植物の大きさや色を見て、温度と
湿度に触れ、香りをまとうことで植物世界を識ることができる。

写真（左上）：パーム・ハウスの正面ファサード（© 郷田桃代）
写真（右上）：パーム・ハウスの内部で育つ植物（© 郷田桃代）

川越・蔵造りの町並み

埼玉県川越市 ◆ 江戸時代

川越の蔵造りは、江戸時代の町家形式で、火事などによる類焼を防ぐための耐火建築として発達したものである。1999年に国の「重要伝統的建造物保存地区」に選定され、現在見ることが難しい江戸の町の面影を留めている。

明治時代に起こった大火災をきっかけに、当時大火の際に残った建物が伝統的な蔵造りであったことに川越の商人たちは着目し、火災による惨事を繰り返さないようにと、蔵造り建築による店蔵を建てて町並みを形成していった。当時、耐火建築としてつくる際に用いられていたレンガや大谷石、御影石といった近代的な新しい資材を、黒漆喰塗りや土壁の川越らしい蔵造りの建物に柔軟に取り入れつつ町並みをつくってきた。

倉庫としての蔵造りの特徴をもちつつ、通りに面する部分は商店舗の顔をもつことから、蔵造りの防火的な目的や構造部分の保護的な役割だけではなく、装飾的な要素が随所に見られる。今では江戸時代の面影を体験できる通りとして、さまざまな店舗に役割を変えて観光客が多く訪れる地域となっている。

町の雰囲気をかがせる

この通りは、江戸時代から続く黒漆喰塗り、土壁の店蔵やそれ
らをモチーフにした新しい店舗が並び、重要伝統的建造物保存
地区として当時の面影を保存して残している。沿道には着物や
土産を売る商店のほか、甘い香りを放つ川越銘菓が並び、その
いい香りによって自然と店舗に誘われる。蔵造りの建物が建ち
並ぶためか、土壁などからほのかに放たれる当時からの香りが
複雑に絡み合い、町並みの雰囲気づくりに一役を買っている。
1日に数回、その時間を知らせる「時の鐘」の音色は街全体に
響きわたり、町行く人々がその時の知らせに耳を傾けている。
この鐘の音色が銘菓の甘い香りと相まって川越の雰囲気をつく
りだしているといえるだろう。
川越の雰囲気をつくりだす香りや音色は、蔵造りの店蔵がつく
りだす町並みと同等に人々の記憶に刻まれ、再訪の際に呼び起
こされ、どこか懐かしさのような感覚を覚えるのではないだろ
うか。

写真（左上）：町並みの象徴的な黒漆喰塗りの蔵造りの店蔵（© 宗政由桐）
写真（右上）：店蔵の後ろに見える「時の鐘」（© 宗政由桐）

温泉・朝市

群馬県吾妻群、石川県輪島市

日本のまちにはさまざまな地域があり、それぞれが特色をもっている。それは生活に根ざした雰囲気であり、生活から醸し出される印象である。なかでも、においはその場をイメージする大切な要素となっている。その場に近づいたとき、降り立ったときなど体に吸収される香りは滞在への期待感へとつながる。はじめに温泉である。国内に多くの火山があり、その周辺には温泉がある。草津温泉は日本を代表する名湯の一つとされ、中心となる湯畑が視覚的にも心に残る。その歴史には諸説あるが、安土桃山時代から文献にその名が残る。近代になり、良好な泉質が注目され現在に至る。

次に朝市。全国各地で開かれており、その土地ならではの特産物や名産品、四季折々の新鮮な食材など、訪れる者を魅了する。輪島朝市は平安時代から続き、神社の礼祭日の物々交換が起源と言われている。日本三大朝市とも称され、現在でも多くの店が通りを埋め、まちの活気を担っている。

生活をかぐ

酸性湯で有名な草津温泉では、立ち込める「硫黄のにおい」が温泉地へ来たという印象を感じさせる。豊かに湧き出る源泉は湯畑を中心にまちのどこにいても感じることができる。高い湯温を調整するための湯もみは、訪れる者を楽しませてくれる場面の一つである。輪島朝市は1000年以上の歴史をもち、現在でも多くの人が訪れる。海からほど近いこともあり、磯の香りを感じる。朝市通りには自由に使える炭火のコーナーがあり、市場で調達した新鮮な魚貝を焼いている。立ち上る香ばしいにおいから食欲をそそられる。その昔、海の物や山の物を交換したのではと思いを馳せながら店主との会話が弾む空間である。いずれ、温泉や市場に向かうその道中、目的の地へ近づいてきたことをにおいから感じたかもしれない。

写真（左上）：草津温泉の湯畑（© 鎌田光明）
写真（左下）：輪島朝市

シンガポール動物園

シンガポール ◆ 1973 年

園内を歩くと、小さな橋の下にワニがうごめいていたり、頭上の樹木をオラウータンが渡り歩いていたり、前面の崖にはホワイトタイガーがこちらを睨んでいたりする。あたかも熱帯雨林に紛れ込んだわれわれが野生の動物たちに囲まれているような印象を受ける。普通の動物園のように動物を見るといった一方的な関係ではなく、人と動物が双方向の視線を交える親密な関係となっている。これは檻で仕切るのではなく、観客の目に入りにくい深い堀によって隔離することで、安全に動物たちを身近に感じられるよう「オープン・コンセプト」によって設計されているためである。毎年190万人が訪れる広大な園内を案内してくれるのは、愛嬌のある動物のフィギュアたちである。

動物とのにおいによるコミュニケーション

私たちは毎分15回程度呼吸する。だから4秒ごとに鼻腔を通過する空気の質を嗅覚によって常にチェックしていることになる。しかし、ほかの哺乳動物に比べて感度はあまり良くない。E.T. ホールによれば、においによる個体識別や性的な情報伝達の及ぶ対人距離はせいぜい手を伸ばして届く範囲である。動物が発するにおいは人間より強いとしても、かなり近くないと感じられない。シンガポール動物園の動物に餌を与える場面では、かなり近くまで接近できる。背が高いキリンに対しては、観客の目線と高さを合わせられるよう高いデッキがつくられているのでより親密感がもてる。

この動物園での人と動物との交流として極めつきは、「野生動物とジャングルで朝食を」というプログラムである。動物たちが餌を食べる様子を見るのとは逆に、すぐ近くにいるオラウータンに見られながら人間が食事をするのである。はたして、人より敏感な嗅覚をもつ彼らにとって、人間の餌はどのように感じられているのだろうか、できれば聞いてみたいものである。

写真（左上）：シンガポール動物園の案内標識
写真（左下）：キリンへの餌やり場面

ルーブル美術館

イオ・ミン・ペイ ◆ フランス・パリ ◆ 1989 年

国王の宮殿として増改築を重ねたルーブルは、ルイ 14 世が 1682 年にヴェルサイユに王宮を移した後、王室美術品の収蔵や展示に使われた。フランス革命により 1793 年から大衆に開かれた美術館となり、共和制、帝政、王政が変転する 19 世紀に収蔵品が増え続ける。ナポレオン 3 世の時代に完成した建築群は、1871 年のパリコミューンの混乱で西側のテュイルリー宮を焼失し、ナポレオン広場（中庭）が西に開きエトワール凱旋門やシャンゼリゼに続くパリの軸を受ける形となった。

20 世紀にも収蔵品は増えて、たいへんわかりにくい展示となっていた。ミッテラン大統領のもと大改修が進められ、1989 年にイオ・ミン・ペイ設計でナポレオン広場にガラスピラミッドを置き、地下をエントランスとする整備がなされた。

芸術をかぎ分ける宮殿

展示室 60,000 m^2 以上に 35,000 点が展示されている。複数の建築を合わせても 18,000 m^2 の東京国立博物館と比べれば、いかに広いかよくわかる。展示室は 400 室以上に及ぶ。

ガラスピラミッドの中を地下 2 階に下りるとエントランスで、東のシュリー翼、北のリシュリュー翼、そして南のドゥノン翼の 3 方向に入ることになる。3 つの翼は 3 階建で地上の各階で相互につながっているため、どこまでも続くような錯覚におちいる。迷宮の中で位置を失わないためには、古代エジプト美術、古代オリエント美術、古代ギリシャ・エトルリア・ローマ美術、イスラム美術、彫刻、工芸品、絵画、素描・版画の 8 部門に分けられていることを頭に入れておくほうがよい。

この美術館は、順路の矢印にしたがい 1 回で見ることは不可能である。自らルートを選択して歩くことになる。芸術作品の森を自らの嗅覚を働かせて迷い歩く体験は、ほかでは経験できないもので、繰り返し訪れたくなる魅力がある。

写真（左上）：ガラスピラミッドの緩やかならせん階段（© 大佛俊泰）
写真（左下）：展示室が続いて現在地を見失いやすい（© 小林美紀）

サン・クリストバルの厩舎

ルイス・バラガン ◆ メキシコ・メキシコシティ ◆ 1968 年

数多くの雑誌やテレビ CM などにも登場するメキシコの建築家ルイス・バラガンの傑作の一つ、サン・クリストバルの厩舎。1968 年メキシコシティ北部郊外の高級住宅街に、フォルク・エゲルストーム家が自宅とともに建設した競走馬のための厩舎である。ここを訪れる前に目にすることになるロス・クルベスのゲート、歩いて行ける距離にあるベベデロの噴水はバラガンにより設計された建築のため、同時に見ておきたい。

サン・クリストバル厩舎は、厩舎、中庭、プール、運動場で構成される。その敷地、空間を区切る印象的なバラガンピンクの壁、木陰をつくるための緑のシンボルツリー、競走馬の水飲み場も兼ねる水空間（プール）から生まれるコントラストは、競走馬と相まって感動を与える。

プールは馬のお腹の高さに設計されているなど、厩舎内はすべて馬のスケールで計画されている。プールの噴水から水があふれ出すと、嗅覚・視覚だけではなく聴覚にまで訴えかける空間となる。

馬のにおいが思い出させる空間

訪れた際の最初の印象は美術館や高級住宅の中庭などではないか、という感覚である。あまりに完成された空間がそう感じさせるのかもしれない。厩舎に近づくと、初めて馬のにおいに気づく。馬のネームプレートが掛けられた部屋は主人不在だったが、確かに馬のための部屋である。厩舎の裏手には大きな芝のトラックがあり、馬はそこに放されていた。馬の存在を一度意識すると、ここは馬のための空間であることがわかる。今まで感じられなかった馬の存在感がにおいとともに急に強くなる。現在、厩舎は管理人が案内してくれる。見学料や撮影料の徴収も彼が行っている。余談にはなるが、彼の機嫌が良いと裏にある小さな庭を教えてくれる。映画に出てきそうな緑のトンネルと抜けた先には小さなスペースがあり、木製の椅子とテーブルが置いてある。多くの建築家が訪れるこの建物において、近未来的設計作品で知られるザハ・ハディドはこの小さな庭で何時間も瞑想していたという。

写真（上）：中央に位置する馬用のプールと中庭（© 杉山英知）

広島市環境局中工場

谷口吉生 ◆ 広島県広島市 ◆ 2004 年

広島市は 1995 年より「ひろしま 2045：平和と創造のまち」を始め、被爆 100 年となる 2045 年に向け、優れたデザインの社会資本を整備する事業を展開してきた。中工場は同事業によって 2004 年に竣工したごみ処理施設である。設計者には、水辺空間を活かし周辺環境と調和したデザインに優れた谷口吉生が選ばれた。

中工場は、平和記念公園から公園に面する吉島通りを南下し、瀬戸内海へと至る中州の最南端に立地する。工場の処理能力のために延床面積が約 45,000 m^2 にもなる施設であるが、吉島通りの軸線上に、海に向かって伸びるガラスの「道」(ECORIUM) を通すことで、迷惑施設ともとらえられがちなごみ処理施設の内部に都市的な公共空間を設けた点が画期的だといえる。また、現代の都市生活には欠くことのできないごみ処理施設という存在を、工場内のプラントそのものを見せる展示型の空間構成とすることで、訪れた市民の環境問題に対する意識が高められることが意図されている。

臭気を感じさせない

ごみ処理施設では、技術の進歩により低公害化が図られてきており、ろ過式集じん機、ガス吸収塔などの装置により有害物質や悪臭を外部に出さない処理が施されている。そのため、施設の周辺や内部で臭気を感じることはない。

そこに平面、断面や建築材料のデザインが加わることで、より臭気を感じさせない空間となっている。まずは施設への動線に着目すると、見学通路（ECORIUM）をごみ収集車の搬入路の上部に重ねることで、訪問者はごみの搬入路を視認しつつも、それに距離をとって見学通路へと至ることができる。次に見学通路からはガス吸収塔室と灰溶融炉室のプラントを見ることができる。目にする素材はおもに金属とガラスであり、素材感や色彩の統一、輝度の高さは、通路とプラントの間に植栽があることも相まって、においを感じさせないデザインである。通路に降り注ぐ自然光と通風がもたらす開放感や心地良さもまた、においへの感覚を忘れさせるものである。

写真（左上）：ECORIUM のガラスのトンネルからプラントを眺める
写真（右上）：ごみ収集車の搬入路と ECORIUM は上下２層の構成である

山居倉庫

山形県酒田市 ◆ 1893 年

米の積出し港として賑わった酒田を今に伝える現役の米貯蔵庫である。酒田米穀取引所の付属倉庫として建設された。瓦葺き土蔵造りの建築で、14 棟のうち 12 棟が現存し、9 棟が現役の米蔵である。敷地は新井田川の中州で、舟運に適していたが軟弱地盤であったと言われており、約 3.6 m の盛土と石垣・基礎杭などの対策をしたとされる。

高さ 8.6 m、間口 13.6 m、奥行 29.1 m の同型同寸の蔵は単純な繰り返しであるが、白い壁面と切妻の屋根の連続が独特な美しさを醸し出している。米の揚げ下ろしの際に雨風があたらないように雨覆い屋根を掛けた廊下が、垂直方向に変化する蔵の屋根に水平方向のアクセントを与え、妻面の変化を印象づけている。浮いたように見える屋根は二重構造であり、土蔵と屋根の間をあけることで温度と湿度が急激に上昇するのを防いでいる。間の空気の流れによって積み上げた俵の熱を放散し、屋根からの伝導熱を防ぐという役割を担っている。

土地の特性をかぐ

周辺は北前船による交易で栄えた港町で、さまざまな物流の中で地域を支える営みが紡がれていた。特徴のある米蔵のにおいがあるわけではないが、木々の豊かな緑が香る空間である。山居倉庫の背後の妻面は、欅並木が続いている。夏の西日と冬の強い季節風から蔵を守るために設けられたと言われているが、表の白と黒のコントラストと異なり、統一された木の雰囲気が落ち着きを与え、自然との調和から豊かな印象を与えている。この地域は、最上川の舟運の発展に伴い米だけでなく紅花などの商品作物も一手に取り扱うこととなり、飛躍的に繁栄したという。現在も米だけでなく海や山の食材が豊かにとれ、恵の豊かな地域である。町を散策することで、食を満たしてくれるような生活の中でのさまざまなにおいを感じることができる。

写真（左上）：山居倉庫正面（© 鎌田光明）
写真（左下）：山居倉庫裏手の欅並木

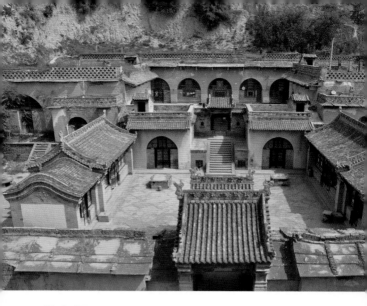

窰洞

中国・黄土高原 ● 紀元前 20 世紀頃

窰洞は横穴式住居である。中国の西北にある黄土高原の典型的な民家で、靠崖式（山を背中とする横穴）、下沈式（サンクンガーデンを中心とする横穴）、独立式（平たん地にあり内部形状は前述の横穴と同様）があり、靠崖式が比較的よく見られる。

靠崖式は、山の斜面に奥行を長手として掘り、短手断面の天井をアーチとする、地中熱利用の住宅形式（例えば、奥行 7 m、幅 3 m、天井高 3.6 m）である。土中の安定した温度と湿度を保ち、夏涼冬暖のため、省エネ住宅として優れた先人の技術や知恵の結晶だと思われる。玄関立面は石積みで、内壁は白い石灰の塗り壁の仕上げが多い。

一般的に、横一列に並んだ 3〜5 個の窰洞と前面庭は一家庭がもち、窰洞間の共有壁に行き来できる扉を設けることが多い。黄土高原のあちらこちらで横一列の窰洞の顔が見当たり、山岳風景に溶け込んでいる。窰洞のバリエーションも多く、山側の部屋を窰洞とし、反対側の部屋を切妻屋根の煉瓦造として四合院（中国古来の中庭式住宅）の集合体を成す大屋敷もある。

生活をかぐ

窰洞にいれば、窓から注ぎ込んだ光を浴びながら、黄土に包まれた涼しさもしくは暖かさを肌で感じ、黄土のにおいをかぎ、黄土とともに息をする。窰洞は、時間帯によってリビングや寝室、食堂へと変身する。寒い時期、寝台（炕）とつながっているかまどの炊火から出た暖煙は寝台の中にある空洞を流れ、屋上の煙突に抜ける。放射熱で温かくなった寝台は、主婦の針作業や子どもの勉強場所としても愛用され、ときには食事の場ともなり、ときには客を招待する座り台ともなる。寝台の上、ヒマワリの種やナツメなどが入った小皿の置かれた小机、その傍で寝転んでいる子どもたちの姿から生活のにおいを感じる。
窰洞を出れば、庭やその先にある山を眺め、遠方に見える知り合いと山が響く声で挨拶し、近くで日光浴を楽しむ隣人と雑談をする。山道を歩くと窰洞の前面庭から笑い声が聞こえ、また庭にあるナツメの木の緑葉のつぶやきや、鶏や犬の鳴き声、子どもの走る足音が近づき、また遠ざかっていく。

写真（左上）：靠崖式の窰洞を囲む四合院（姜氏庄園）
写真（右上）：窰洞の中（旅館）

5

味覚

生活の基礎的な要素に「衣食住」がある。
食事は人間の根本的な行為で、それに対応した
感覚が味覚である。食事の雰囲気を演出する
空間によって味覚は変わるとも言われ、食事（味覚）と
空間は密接なかかわりあいをもつ。
「味わう」の別の意味として、おもしろみや体験することを
「味わう」と表現することもある。
本章では、食を演出する空間と物事のおもしろみや、
体験することの「味わう」を取り上げる。
ぜひ「味」わってほしい珠玉の空間を紹介する。

オープンカフェ

魅力ある街並みや通りを行き交う人々を眺めながら、開放感のある屋外の空間で、アルコールやコーヒーを。オープンカフェは、フランス・パリのシャンゼリゼ通りを代表として語られることが多い。19世紀後半に、オスマンによって大改造された街並みとともに、オープンカフェの文化は300年以上の歴史をもって人々に親しまれている。パリには十分な歩道幅員があり、オープンカフェの占有範囲や段差配慮など、快適な歩行空間の確保も考慮されている。また、二酸化炭素削減に寄与するための暖房設備の規制など、環境への配慮も欠かさない。

人々が、ハイセンスでエッジのきいた街並みを堪能するためには、オープンカフェの空間構成や歩道・車道との関係性を読み解くことが重要である。オープンカフェは都市を味わえる空間として人々を魅了しているが、公共空間の使い方、都市の魅力づけ・賑わい創出のための空間という役割も担っている。オープンカフェが連続することにより、通りだけでなくエリア全体の集客効果が高まり、魅力的な街並みを形成することができる。

都市を味わう

東京の大手町・丸の内・有楽町エリアでは、道路活用の社会実験を通して、車道にオープンカフェが展開されている。かつて交通目的以外にほとんど使われなかった「丸の内仲通り」を賑わい創出の場として活用するため、「アーバン・リビングルーム」というコンセプトが掲げられた。

これまでに社会実験が繰り返し行われているが、2019年には「MARUNOUCHI STREET PARK」というイベントが開催された。幅員7m、延長約100mの車道（区道）に、天然芝を敷いて公園化し、来街者やワーカーが佇むことができる空間ができあがった。

オープンカフェに加えて、ピクニック、音楽ライブ、食事を楽しめる空間がデザインされ、天然芝にはデッキやテーブル、椅子、ブランコ式ベンチなどが置かれた。丸の内仲通りがもつオフィス街としての顔と、豊かな街路樹とともに人々がくつろぐ姿がリンクし、オープンカフェは人の流れを生み出した。

写真（左上）：シャンゼリゼ通りのオープンカフェ（フランス・パリ）
写真（右上）：MARUNOUCHI STREET PARK（日本・東京）

鴨川の納涼床

京都府京都市

京都の二条大橋から五条大橋の区間、北山連峰を背にゆったり
と流れる鴨川に向けて、軽やかに張り出された納涼床が連なっ
ていく。慎ましくもリズミカルに展開される納涼床の連続は、
およそ京都の中心地近くとは思えぬような風光明媚な風景とも
よく調和して、唯一無二の河川景観を形成している。

豊臣秀吉による三条大橋、五条大橋の整備などを経て、見世物
や物売りで賑わうようになった鴨川の河原に見物席や茶店がつ
くられたのが納涼床の始まりとされる。江戸時代に入ると歓楽
街として確立され、祇園祭の神輿洗いは見物客でたいへん賑
わったという。『都名所図会』や『都林泉名勝図会』には当時の
四条河原での夕涼みの様子が描かれており、浅瀬や砂州に並べ
られた床机のほか、両岸には現在の形式に通ずる高床式の床も
見られる。明治から大正にかけての鴨川運河開削、京阪電車の
延伸、河道改修などを経て左岸の床と床机式の床は姿を消し、
右岸にのみ高床式の床が連なる現在の風景となった。5～9月
の間、90余りの店で納涼床での飲食を楽しむことができる。

風景を味わう

鴨川の床に上がると、ゆったりとした、それでいて凛とした時間が流れている。表の玄関から普段使いの客席を抜けて奥へと案内され、靴を脱いで床に上がるというのが典型的な納涼床への動線であり、このような奥性を伴うシークエンス体験が作用しているのかもしれない。あるいは納涼床がもつ歴史的・文化的な厚みがそう感じさせるのか、いずれにせよ、単にオープンエアーのテラス席ということではない、感性が呼び起こされるような特別な雰囲気がある。

北山・東山の山並みや鴨川のせせらぎ、川べりや大橋を行き交う人々の様子など、普段見慣れた風景も納涼床から眺めるそれは格別に味わい深い。そうした風景を愛でながら、運ばれた料理をゆっくりと口に運ぶ。夕刻にさしかかると空の様子や山の色合いが変化していく。訪れる時季やともに時間を過ごす相手によっても、そこから眺める風景はまた違って見えるだろう。鴨川の納涼床は、風景を味わうための最高の舞台といえる。

写真（上）：鴨川に沿って軽やかに連なる納涼床

花見

熊本城（熊本県）◆ 1600 年頃築城、上野恩賜公園（東京都）◆ 1876 年開園

例年 3 月になると、全国ニュースで各地でのソメイヨシノの開花予測が報じられ、「桜前線」の動きが話題になる。どうやら「花見」は日本の国民的行事の一つといえそうである。中国でも洛陽の牡丹祭りが有名で、花を鑑賞して詩を詠む慣わしがあるが、日本の花見のように人が集まって飲食をともにする宴を開いたりはしない。いったい、「花より団子」などと言って桜の開花に合わせて、それを口実に屋外で飲食をする習慣が定着したのはいつごろからだろうか。

吉田兼好が『徒然草』に花見での無作法を「酒飲み、連歌して、果は、大きなる枝、心なく折り取りぬ」と嘆いたり、『頭山』など落語の演題に取り上げられたりしているところを見ると、かなり古くからこの風習が庶民に広まっていたようである。日本でこうした屋外での飲食が広く行われるようになった理由の一つに、冷めてもおいしく食べられる「お弁当」の存在があるという。これに対して、中国では冷めてしまった料理やご飯を口に入れることには相当抵抗があるようである。

花見を楽しむための天地人

このところの天候不順で桜の開花時期が大幅にずれることがあり、行事としての「桜祭り」の日取りを決めるのが難しくなっている。桜は必ずしも満開の美しさを愛でるだけでなく、散りゆく姿にも美を感じる日本人の感性からすれば、いくらかピークを外れてもよいことになる。とはいえ、葉桜では寂しい。花見の場所として、熊本城の濠端のようにゆったりとした空間もよいが、東京の上野恩賜公園などで見られる賑わいの中での宴もまた楽しい。ただし、枝張りの立派な樹冠の下で仰げば桜が見えるような絶好の場所を確保するのはたいへんである。桜の開花時期が4月から始まる新年度と重なることから、花見は新しい仲間などと親しく接する良い機会になる。花見の宴の成功の鍵は、最高のタイミングを選ぶ「天の時」、良い場所を確保する「地の利」、そして何よりも楽しく交流できる「人の和」ということになる。花見で体験される「おいしい」宴は、飲食そのものよりもその場をつくる天地人によるといえそうである。

写真(左上)：熊本城の濠端での花見
写真(右上)：上野恩賜公園での花見

ギャルリー・サンチュベール

ジャン・ピエール・クロイズナール ◆ ベルギー・ブリュッセル ◆ 1847年

19世紀ヨーロッパの主要な都市では、ガラス天井をもつ歩行者専用の商業空間がつくられた。ブリュッセルでは、クロイズナールが企業家や銀行家と組んで、パリやロンドンの先例をしのぐ構想を立てて設計し、公的支援を得て土地を収用し路地を拡幅して街区を貫いている。

7.5m幅の通路にガラスヴォールトが載り、頂部は換気を兼ねたガラス切妻屋根である。ファサードは下からトスカナ式、イオニア式、コリント式の3層構成である。通路は王、女王、王子と名付けられた部分からなり、南側の女王は105mで街の中心広場グランプラスに近い入口をもつ。北側の王は95m、枝分かれした王子は40mで両者の交わる角に劇場もある。王と女王は角度がわずかに変わるため、一段と奥行が感じられる。

光と香りと味に満たされた街路

鉄とガラスの技術が可能にした室内化された街路は、アーケード、パサージュ、ギャラリーなどと呼ばれ、駅、市場、病院などと同様に19世紀の新しい公共空間である。19世紀末にデパートが誕生し商業空間の主役は奪われるが、自然光に満たされた背の高い優雅な空間の魅力は変わっていない。

ブリュッセルのギャルリー（ギャラリー）は、1850年代から70年代には、知識人、ジャーナリスト、芸術家、フランスからの亡命者らが集まっていた。今でもボードレールやヴェルレーヌが通ったカフェがある。

ブリュッセルを代表する華やかな場所で、有名なショコラティエ（チョコレート店）、カフェ、レストラン、バッグ店、手袋店、本屋、映画館、劇場が立地している。散策する人々、カフェの前のテーブルでくつろぐ人々が絶えない。天候や気候の変化が和らいだ穏やかな光に満たされた半屋外空間で、甘い香りと味の中に談笑していると、人々は劇の演者のようである。

写真（左）：街の中心部を貫くガラスヴォールトの街路（© 大佛俊泰）

都市菜園

東京都港区 ◆ 2003 年

自前の畑や庭で採れた新鮮な野菜を育て、収穫した日のうちに
食卓にのせるという暮らしは、昔ながらの馴染みあるものだ。
しかしながら、都市化が進むにつれ、人々が菜園に触れる機会
は著しく減少していった。特に、地価の高い都心エリアでは利
用できる土地が少なく、個人が菜園や専有できる庭を確保する
ことは難しい。

近年は、商業ビルや業務ビルの屋上を活用した菜園や、定期借
地権と菜園を結びつけた住宅、菜園付き賃貸アパートなどが注
目されている。都市菜園のメリットは、人々が野菜や米などの
食材づくりを通してコミュニティを築くことができることであ
る。使われていない土地や建物の一部を菜園として活用するこ
とで、エリアの居住者、就業者、土地所有者、農場従事者など
を結びつけることができる。また地方自治体とコラボレーショ
ンすることにより、都心と地方の連携、地域特産品のアピール
などを行うこともできる。都心居住の人々に向けた新たな暮ら
しの提案が始まっている。

食べ物をつくって味わう

六本木ヒルズ地上45mには、屋上庭園（約1,300㎡）があり、
都市で農業体験をできる空間となっている。屋上庭園には水田
や畑のある日本の「農の風景」が再現されており、池には魚が
泳ぎ、カエルの鳴き声も聞こえる。毎年、田植えや花見、稲刈
りや餅つきなどのイベントが実施されており、周辺小学校やレ
ジデンスの住民、地域の人、ワーカーが大勢集まってくる。都
心に住む人々は、日本の農業・食文化に関心が高く、大人も子
どもも田植えや稲刈り体験を楽しんでいる。地方自治体との連
携も行い、体験を通したコミュニティづくりを図っている。
屋上庭園には、雨水を再利用するための貯水タンクが設置され
ており、池は温度調節と流れを介して水田に供給する役割を
担っている。また、屋上緑化部分の大重量を利用した制震シス
テムは、建物本体と絶縁された屋上庭園部分を大きく揺らすこ
とで「グリーンマスダンパー」が地震エネルギーを吸収し、建
物の変形や揺れを小さくする仕組みである。

写真（左上、右上）：六本木ヒルズけやき坂コンプレックス屋上庭園
（© 森ビル株式会社）

視覚　聴覚　触覚　嗅覚　味覚　時間　多感

恋する豚研究所

アトリエ・ワン ◆ 千葉県香取市 ◆ 2013 年

この施設は、豚肉の加工工場とレストランを運営する事務所を兼ね備えている。最低賃金を保証した障害のある人の雇用と、豚肉の戦略的なブランディングでハムやソーセージなどの加工品を販売するため、社会福祉法人福祉楽団が「豚が恋する」という幸せなイメージと安全な食材を提供する「研究所」を合わせて「恋する豚研究所」をブランドに掲げたものである。

この建物は、農村風景が広がる広大な敷地に対して小柄な 2 階建の建築である。1 階に加工工場を配し、2 階には大きく開放的な水平連窓が設けられたレストランがある。2 階部分に入母屋（いりもや）屋根が複合して架かる広場と連続して、周辺の風景を楽しむための窓、メンテナンス用のキャットウォークとテラスが一体的につながり、オープンな空間が広がっている。母屋を中心にしてその両翼のようにロッジア（開廊）を広げることで、アプローチから建築や敷地の奥の方へ誘う効果をもっている。木質で仕上がる内装空間は天井が高く、天窓も配されているなど開放的であり、「食」を十二分に堪能するための空間になっている。

その場で味わう

農村風景の中に通りからセットバックして現れる建築は、大地をはうように風景と一体となり、存在感を醸し出している。1階には豚肉の加工工場があり、食の生産の場になっている。2階に上がると、建物の外側に配されたテラスをめぐり、周辺の農村風景を堪能しながらレストランやマルシェといった食を堪能するための空間に誘われる。

地元で採れた食材を使った料理を出すレストランに入ると、高い天井をもつ開放的な空間に食事の香りが充満している。そして天窓や水平連窓から入る自然の柔らかい光は、提供される料理の彩りを増幅させ、舌も目も楽しませてくれる。このように、ここにはその場で味わうための環境が整っている。

また、養豚場から出た糞尿を堆肥化した土を用いた畑もあり、そこで育てた野菜をまた豚の餌にするなど、食の生産における循環をこの空間で体感することができ、まさに人間としての基本的な営みが凝縮されている空間といえるだろう。

写真（上）：恋する豚研究所　アプローチから

サントリー山崎蒸溜所

佐野正一 ◆ 大阪府三島郡 ◆ 1959 年

1924 年、日本初のモルトウイスキーの製造工場が、京都郊外の山崎に竣工した。桂川と宇治川と木津川の水温が互いに違う三川が合流することで霧が発生しやすい、ウイスキーの貯蔵には好適な環境である。さらに、万葉の歌にも詠まれた名水により、国内に商品としても工場としても前例のなかったウイスキー製造という新しい文化が誕生した。

安井建築設計事務所の佐野正一が設計中にたびたび工場関係者を訪問してきた中で、本物のものづくりをできるかぎり体感してもらう、という想いが強くなっていった結果、見学者を工場に案内し、生産プロセスを公開していくことで、今日では全国のほとんどの工場で行われている、いわゆる工場の一般開放という試みの最初期の代表作となった。工場の工程と見学者のルートを並べる一般的な工場見学での動線とは異なり、見学者向けのルートは可能なかぎり工場のスペースの中に入ったり、製造工程に寄り添うように動線を配置させたりすることで、あくまでここにしかない空気感を体感できる建築としている。

つくる場で味わう

農作物や魚介類を採れたその場で味わうのと同様に、ビールやワインやウイスキーといった酒類においても、その酒類が製造された現地ならではの温湿感のもとで味わうことこそが、現地の風土とともにある食の最も贅沢なたのしみ方である。

サントリー山崎蒸溜所では、見学者の動線を工場関係者の動線と極力隔てを設けずに空間を同じとすることで、ときに見学者は、工場の中で醸造の香りと温湿度で満たされ、実生活では経験不可能なことを身体全体で感じることができる。長いものでは熟成年数が50年以上のウイスキー原酒も有する貯蔵庫では、静かな空間の中で、年月とともにさらに深みのある味わいを醸し出しており、見学者のだれもが自身の人生の長さとなぞらえ、長き時間と空間の移り変わりに思考をめぐらせる。

その場、その時間にしか存在しない風土や環境とその成果物であるウイスキーをまさに五感で体験することで、こうしたその土地に根ざした建築を実現したいとだれもが考えるであろう。

写真（上）：工場内の見学動線からも香りと温湿度を体感できる蒸溜釜

Welcome to Cat world !!

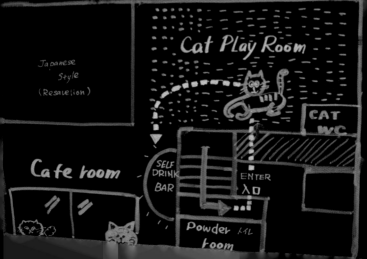

Cat Play Room

Japanese
Style
(Resavetion)

CAT
WC

Cafe room

SELF
DRINK
BAR

ENTER
入口

Powder トイレ
room

動物カフェ

カフェの狭義の意味はコーヒーを飲む場所であるが、パリの「カフェ・ド・プロコープ」がフランス革命に大きな影響を与えたように、歴史的にも交流を生む場所であり続けてきた。21世紀になって普及し始めた動物カフェでも飲食の提供が行われるが、動物との触れ合いがおもに客が求めるサービスであり、そのサービスを通じて交流が生まれる場所となっている。

動物カフェの中でも猫カフェが特に人気を集めている。猫が癒しの存在であると同時に、室内空間において身近な動物であることも大きい。純粋に猫と触れ合う店もあれば、保護猫を集めて里親探しを行う形態のものもある。今はドッグカフェやフクロウカフェなど、さまざまな動物と触れ合える店も増えている。

共生空間で味わう

1960年代から70年代に私鉄の沿線開発やニュータウンの建設が急速に進んで一戸建住宅が普及し、家の中には猫がいて庭には犬がいる、そんな紋切り型の日本家庭のイメージが一般化した。かつては特定の飼い主がいない猫が町内に住んでいるのが当たり前だった。今でも地域猫という概念が一部に残っているが、こうした猫は全体として減り、動物を街中で見る機会は減っている。さらに超高層マンションなどの建設によって郊外から都心に回帰する住民も増え、屋内で猫、庭で犬を飼うという生活は減りつつある。

かつて当たり前だった動物との触れ合いは失われている。それを再び体験したい、これが動物カフェの普及の一因であろう。また、カフェ空間においては個別化した趣向を共有する楽しみも存在する。猫カフェなら猫好き、犬カフェなら犬好きと、同じ好みをもつ人々が互いを承認する空間となっている。

動物と触れ合いながら客どうしが互いの好みを承認し、飲み物を味わう空間。それが動物カフェである。

写真(左上)：日本初の猫カフェ「猫の時間」の Cat Play Room
写真(左下)：「猫の時間」の空間構成

コンビニエンスストア

日本のコンビニ（コンビニエンスストアの略称）は、一説には
1960 年代末、少なくとも 70 年代初頭に生まれたと言われてい
る。草創期には多くのブランドが乱立したが、現在はセブン -
イレブン、ローソン、ファミリーマートの大手 3 社におおむね
統合されている。大手 3 社はそれぞれ 70 年代中盤に設立され
ており、80 年代で一般に浸透し、90 年代に広く普及した。
コンビニの経営主体は、多くの場合が個人事業者である。個人
事業者がそれぞれのコンビニブランドとフランチャイズ契約を
結び、商標、経営システム、商品が提供される。そのため、か
つては地域の雑貨店だった店舗が、経営者を同じくしながらコ
ンビニに転用されていることも多い。
90 年代頃までは 24 時間営業ではないコンビニも多かったが、
現在はほとんど 24 時間営業である。そのため、地方における
夜間の商行動を大きく変えた。また、多くのコンビニで銀行
ATM、公共料金の支払いも可能となり、もはや物販店ではな
くオールインワンな店舗となっている。

便利を味わう

コンビニが地域社会に与えた影響は大きい。コンビニは個人商店を全国一律流通のネットワークに組み込んだ、人と社会の結束点ともいえる現代の商空間である。売れる商品の読みは個人の経験値よりも全国規模で得られる顧客動向データに基づき、商品展開はマーケティングが主導する。それゆえにコンビニ自体がトレンドを生み出す装置としても役立つ。例えば、関西の風習だった恵方巻きが全国普及したのは、コンビニの販促キャンペーンによるところが大きい。また、新規コンビニの展開も都市計画と連動した立地分析で判断されている。

このようなデータに基づく経営方針は、空間レイアウトにも反映されている。顧客の動線に基づき、手前に雑誌コーナー、キャッシャー近くに弁当、ドリンク類はバックヤードから補充しやすい奥の壁側。これはどの店舗も一律で、どのコンビニでも店員に聞くことなく目的の商品を手に入れることができる。合理性が生み出した便利さを身近に体験できる空間である。

写真（上）：地方の灯りとなるコンビニエンスストア

後楽園−流店

岡山県岡山市 ◆ 1700 年

日本三庭園に数えられる後楽園。江戸時代には御後園と称された池泉回遊式庭園である。岡山藩主池田綱政が家臣の津田永忠に命じて築庭したとされるが、御後園に関する資料『日次記』『御後園諸事留帳』『奉公書』などにもその記録がない。津田永忠は、現存する庶民を対象とした学校建築物で世界最古のものと言われている「閑谷学校」を設計した人物でもある。

園内にある流店は、大きさが桁行四間、奥行三間で、屋根が寄棟造の柿葺きによる木造２階建の建物。殿様の休息所として壁や扉のない四方八方どこからでも出入り可能な開放感あふれる空間で、板敷きの床に竿縁天井、細い角柱が並ぶだけで２階へ上がる階段もない。ただし、天井には梯子を取り付ける穴が設けられており、通常は視界の妨げとなるものを極力なくしたいという作者の徹底した意図がくみ取れる。その意思は、構造耐力的な壁や筋かいをなくした細い柱のみの構成に表れ、開放感と建物内に引き入れた水による唯一無二ともいえるこの建物は非常にシンプルで美しく、気持ちの良い空間となっている。

200

庭園での饗応

後楽園は藩主が日々の生活を行う場所として築庭された大名庭園で、武芸としての馬場や射場、饗応の場としての能舞台、御茶屋などが園内に点在している。御茶屋は茶の湯はもちろんのこと、藩主の学問や接客の場所として使用できるようつくられている。園内には茂松庵、廉池軒、島茶屋、茶祖堂といった草庵風茶室があるが、なかでも流店は一風変わった趣を放つ。

最大の特徴は何といっても建物の内部に水路を引き入れていることであろう。園内を緩やかに蛇行する水流が流店の手前で分岐し、一本が流店の内部に入りもう一つがそのほとりを流れ、内部を流れた水流とまた合流する。板敷きに腰を掛け流れに足を浸せば、肌を伝う清涼感と四方に完全に開かれた視界の解放感は、ここで過ごす一時の饗応の時間を彩り、ここでの茶席の味覚を研ぎ澄ましたであろうことは容易に想像できる。流れの中には、黒・緑・赤紫色など6つの美しい石を配しており、この石の配置も、禅寺などの枯山水庭園のそれを彷彿とさせる。

写真（左上）：流店の全景
写真（右上）：内部に引き入れられた水路

視覚 ▢ 聴覚 ▢ 触覚 ▢ 嗅覚 ▨ 味覚 ▨ 時物 ▨ 多様 ▢

マルシェ

東京都港区

マルシェとはフランス語で市場を指すが、農産物直売所や朝市という言葉と似ている。開放的な空間に多彩な店舗を集約し、人々の味覚を感化させる。朝にやっている、活気がある、人々が賑わうというところが共通のテーマだろう。アメリカでは1990年代から急速にファーマーズ・マーケットが増加した。ローカルフード・ムーブメント（地産地消運動）の活発化に伴い、日本でも食文化をまちづくりへつなげる試みが盛んになった。

マルシェは、人を呼び込む催しとして、エリアマネジメントの活動としても注目を浴びている。エリアマネジメントとは、「地域における良好な環境や地域の価値を維持・向上させるための、住民・事業主・地権者らによる主体的な取り組み」（国交省エリアマネジメント推進マニュアル）と言われている。マルシェなどの催しを通じて人々を集め、新たな交流を生み出し、エリアの価値を高める。マルシェでは、野菜や果物だけではなく、テイクアウトできるデリ、キッチンカーなども集まり、味覚を通して人々を楽しませてくれる。

連続させて味わう

品川シーズンマルシェとは、品川駅周辺を対象としたエリアマ
ネジメント活動の一環として開催される「都心型マルシェ」で
ある。都心型マルシェは、都会の景色が一望できる広場で開催
され、「買う」、「会話する」、「食べる」、「体験する」など、さ
まざまなアクティビティを楽しむことができる。品川シーズン
テラスは品川港湾エリアに開発されたオフィスビルであり、駅
周辺で働く人や住む人をターゲットに、さまざまなイベントや
活動を展開している。

多いときには月の来場者が 1,500 名を超えることもある。マ
ルシェでは四季折々の商品が販売され、20 前後の店舗が並ぶ。
農家・生産者と消費者をつなぐ体験型のイベントや、親子で参
加できるものづくりワークショップ、また広場ではヨガイベン
トも行われ、出店者とエリアの就業者や居住者が交流できる空
間が形成されている。閑散としがちな週末のオフィスビルをう
まく活用して、賑わいの創出と食の循環を両立させている。

写真(左上、右上)：品川シーズンマルシェの店舗

ブース型ラーメン店

日本各地 ◆ 1990 年代前半以降

ひとりで利用するラーメンの店舗は、1990 年代前半に開店した一蘭那の川店が発祥とされている。その数年後に日本国内でしだいに増加したひとりカラオケやひとり焼肉などの原型である。通常、仕事や教育、買物、食事、余暇といった日常の活動では、家の外で営まれる生活が多いこともあり、自分の同僚や友人といった複数の他者とかかわりながら、決して短くない時をともに過ごしていくことが多い。動物でも植物でもそうであるように、自身以外の同類の他者とのかかわりは、生きながらえていくうえでも、他者と共同することで自身の保険をかけておく行為にもつながることから、基本的には自身へのメリットとなる傾向が高い。

他方で、複数人ではなくひとりの空間とすることによって飲食や余暇といった行為に集中することが可能となる事例の一つがひとりのための店舗である。こうした使用者をひとりに特化した建築や空間は意外にも国外では稀である一方で、日本で次々とひとりのための新しい空間が生み出されている。

ひとりで味わう、ファミリーで味わう

一般的なラーメン店は、カウンター越しに家族や友人が横並び
となり、ブース型ラーメン店は、ひとりのためのカウンタース
ペースの両脇に開閉自在の間仕切りが設けられていることがあ
る。ラーメンはカウンターと厨房の間の小さな開口部から提供
され、客は店内の他者に気をそらすことなく味わうことだけに
集中する。いわば、人が緊張したりリラックスしたりする自律
神経の働きのうち、他者と対面して緊張した際の消費的な交感
神経の状態ではなく、自己のありのままの際の吸収的な副交感
神経の状態で美味しさをいっそう深く感じとることができる。
こうした工夫は、ファストフードの店舗のみならず、あらゆる
建築を使用する人の理想的な状態をも示す空間構成にも応用が
可能である。ファミリーで過ごす時間、友人や同僚と過ごす時
間、不特定多数と過ごす時間といった多様な人と人の関係の中
で、同じ空間内の一人ひとり、もしくは、全員が、理想的な心
と身体の状態で豊かな時間と空間を過ごしていけるのである。

写真（上）：長いところでは 20〜30 のブースが並ぶ店内（© 株式会社一蘭）

待庵

千利休 ◆ 京都府 ◆ 1582 年頃

妙喜庵に現存する待庵は千利休の作として知られ、如庵、密庵と並び国宝の茶室である。わずか二畳の小間の空間であり、利休の茶の湯の世界が凝縮された貴重な空間である。建築の特徴は、小間、躙口、塗り回し、室床、天井の変化、開口のずれなどがあげられ、これらの構成と茶の湯の精神により、内部空間は永遠に広がる宇宙のような空間へと展開する。

待庵が登場するまでの茶室と大きく異なるのは、わずか二畳の平面で構成された極小空間ということである。二畳の空間に利休と客人、もしくは利休自身が佇み、戦国の世から逃れられる精神的なシェルターとしての役割を担っていた。「禅」や「侘び茶」に通じる精神であり、茶室は自己と対峙する空間であるといえ、茶室の外の世界とは切り離された内なる精神と内なる小宇宙が存在する。今日ではよく知られている小さな入口の躙口がそれをさらに引き立てる。

極小空間で味わう

躙口では体を曲げて茶室内部に入る。これには刀を持ち込ませないという機能的な役割もあるが、狭い空間を潜り小宇宙といえる茶室内部に移動することは、精神的な移り変わりの象徴としての結界の役割を果たす。茶室内部は、正面に床が位置し、柱や天井を竹入りの荒材によりつなぎ目を隠し丸みを付けてつなぐ塗り回しで仕上げられた室床となっている。空間の隅を曖昧にすることにより空間の広がりを感じさせ、この極小空間にあえて質素な素材を持ち込み、利休は精神的な豊かさと対峙し、どこまでも続く空間を表現したかったのかもしれない。

この空間で自己と向き合い、客人との精神的な対話の中で茶を嗜む。開口部の微妙なずれと、天井の複雑な変化による表情も加わり、茶室内部は永遠の空間へと昇華していく。現代社会での個人空間に通じる精神性がこの茶室ではより濃く味わえる。

写真(左上):躙口（森美術館再現）
写真(左下):塗り回しと開口のずれ（森美術館再現）

VILLA 福村

宮脇檀 ◆ 栃木県那須郡 ◆ 1974 年

避暑地でも知られる栃木県那須郡に現存するこの建物は、数々の名作住宅を世に残した宮脇檀による建築である。雑木林の一角にまるで彫刻のようにひっそりと佇むこの別荘は、築 40 年以上が経過しているが、混構造から派生する造形と内部空間は今見ても斬新さが感じられる秀逸な建築である。

住宅においてさまざまな実験と検証を繰り返した宮脇が重きをおいた空間の一つに、「食の空間」があげられる。特にキッチンとダイニングの関係においては、日本住宅のあり方に大きく影響を与えたといっても過言ではない。VILLA 福村に見られる「オープンキッチン」と呼ばれる形式も、その一例にあげられるであろう。家事の効率化が叫ばれていた時代に、あえてキッチンという汚れる場を開き、住まう人々に新たな時間と空間を提供した。現代では主流の一つとなっている開かれたキッチンの原型をここで紹介したい。

なお、この建築は現在、理解あるオーナーの手にわたり、現存する貴重な宮脇檀の建築の一つとなっている。

火を囲む贅沢な空間

「オープンキッチン」と呼ばれる形式は、食事をつくる行為が一方的な奉仕になるのではなく、団らんの一部となるよう意図され、計画されたものである。現代ではアイランドキッチンなどが商品化され、空間スタイルとして珍しくはなくなったが、VILLA 福村ではその本質を垣間見ることができる。

宮脇は「火」にこだわりを見せた。ダイニングテーブルの一部にガスコンロと火鉢が組み込まれ、湯気やにおい、熱気や音を通じて料理への期待感が膨らむ。調理の最終局面である加熱が目前でなされ、そのまま食事へと移る。料理を堪能した後は火鉢を囲み、その後の談話までが一連の流れとなり、贅沢な長い時間をその周辺で過ごすことになる。「火」の存在が食事をつくる者、食べる者をつなげ、五感を刺激し、食事という日常的な行為と時間をより豊かに深化させるのである。

視線を移すと、窓の向こうで雑木が風に揺れている。至上の空間を味わうにあたり、キッチンの果たす役割はいよいよ大きい。

写真(左上)：彫刻のような佇まいの建物外観（© 栗原弘）
写真(右上)：外に対してもオープンなオープンキッチン（© 渡邉清）

ヒラルディ邸

ルイス・バラガン ◆ メキシコ・メキシコシティ ◆ 1977 年

ヒラルディ邸はルイス・バラガンの晩年の作品で、最後の傑作
と言われている住宅である。一度は建築家として引退したバラ
ガンが、敷地を見に行った際に紫の花を咲かせるジャカランダ
の木を見たことによって依頼を受けたという。
メキシコシティの中心部に位置し、チャプルテペク公園にほど
近い場所にある。敷地は間口が狭く奥行があり、間口いっぱい
の正面外壁はバラガン特有のピンクで塗られ、通りでひときわ
目立っている。ヒラルディ邸はバラガンの特徴であるピンク、
赤、青、紫などの色彩が屋内外に施され、また、建物のもう一
つの特徴である水空間（プール）が屋内に象徴的に用いられて
いる。設計のきっかけとなったジャカランダの木は残されてお
り、中庭で今も紫の花を咲かせている。

光と色の中で味わう

玄関を入ると白のスタッコで塗られた廊下があり、階段室へと
続いている。階段室の白い扉を開けると黄色に塗られた廊下に
出る。中庭に面して縦長の窓が連続して設けられており、黄色
のガラスがはめられている。黄色の廊下をさらに黄色の光で強
調している。廊下の突き当たりの黄色の扉を開けると青と赤が
目に飛び込んでくる。歩みを進めると、水面（プール）から立
ち上がった壁であることがわかる。天窓が光を引き込むように
配置されており、青い壁と水面に強く光を落としている。
ここはヒラルディ邸のダイニングである。この空間は普段から
食事が行われている場所であり、住民にとってはいつもどおり
の空間である。食事をしている最中でも子どもはプールに入っ
ているという。ファサードのピンクから始まり、光と色の中を
旅してきた来訪者にとって、この場所は特別なダイニングであ
る。この場所で食すメキシコ料理は味覚だけでなく、視覚にも
強烈な印象を残し、記憶に残るであろう。

写真（左）：ダイニングから見る赤の柱と青の壁（© 東俊一郎）

サリーナ・トゥルダ

ルーマニア・トゥルダ ◆ 2010 年

長閑な田園風景が広がるトランシルバニア地方には、ルーマニア最大級の地下空間が存在する。その空間は、サリーナ・トゥルダと称され、われわれが経験したことのない圧倒的な異次元の美しさを提供する。それはさながらブレードランナーの世界観を彷彿させるかのようでもある。1932 年に閉山したルーマニア最大の岩塩鉱跡であるサリーナ・トゥルダは、現在、その微気候(microclimate)を活用することで人々を魅了する複合アミューズメント施設に再生されている。

サリーナ・トゥルダは、天然塩を用いたバスソルトのように治療効果をもたらす塩エアロゾルに満たされるとともに、身体が順応しやすい温湿環境や清浄な空気環境が自然に定常されているのがその特徴である。サリーナ・トゥルダの微気候は、呼吸器系を中心とするさまざまな疾患の予防効果やリハビリテーションなどに最適な条件を提供する。また、成長期における呼吸器系の発達に有益であるとともに、さまざまなスポーツを行う環境としても最適であるといわれている。

塩を取り込む

サリーナ・トゥルダには坑道を含めおもに 4 つの鉱坑が存在し、ルドルフ鉱坑が遊園地、テレジア鉱坑が地底塩湖、ギゼラ鉱坑がスパ・トリートメント・ルーム、坑道が博物館の役割を担う。サリーナ・トゥルダは、楽しみながら健康増進を図るという目的がその中心に据えられており、これがルドルフ鉱坑やテレジア鉱坑に遊戯場が設けられるに至った理由である。ルドルフ鉱坑の遊園地にはシンボリックな観覧車が存在し、その脇には円形劇場が計画されている。そこにはミニゴルフ、ビリヤード、ボーリング、卓球など素朴な設備が整備され、ともに人々を楽しませている。また、テレジア鉱坑の地底塩湖には光のオブジェで彩られた浮島が用意されており、そこから手こぎボートに乗って湖上ならではの絶景を堪能することができる。

人々の健康増進を図るサリーナ・トゥルダは、岩塩鉱跡の微気候を最大限に活かした空間再生計画であり、近未来的であるとともに懐古的でもある複合アミューズメント施設なのである。

写真（左上）：遊園地（ルドルフ鉱坑）の近未来的・懐古的空間デザイン
写真（右上）：地底塩湖（テレジア鉱坑）からの絶景

6

時間

人が空間を知覚するとき、必ず時間とともにある。
したがって、あらゆる空間が時間性を有しているととらえ
られるが、とりわけ人が強く「時間」を感じる空間がある。
例えば、ある空間では、人の視覚や聴覚、嗅覚に及ぼす強い
変化によって、無意識下にあった「ときの流れ」が顕在化される。
また、過去・現在・未来という時間の流れの中にあることを認識
させるものや、空間の出現や消滅、その繰り返しを想起させる
もの、あるいは異なる時間観を表象している空間もある。
本章では、人のさまざまな時間感覚を誘発する
空間事例を取り上げている。

サヴォア邸

ル・コルビュジエ ◆ フランス・ポワシー ◆ 1931年

近代建築に関する5原則は、1927年にル・コルビュジエによって表明された理論で、近代建築の主原則となっている。

ピロティ―この使用によって、「空中に浮かぶボックス」建築を実現した。

屋上庭園―平らな屋根を利用してテラスが設けられ、建物が空からくっきりと際立つようになっている。

自由な平面―鉄筋コンクリート構造で、支え壁や仕切り壁から開放され、部屋の間取りは自由になり、空間を仕切るには軽い材料が使われている。

横長連続窓―ファサードは構造体でないために、横長の窓によって広く開口部をとることができる。

自由な立面―外壁は内部空間から独立し、ピロティ上に自由に配置されている。その構成は、内部からの景観によって決定されている。

こうして、近代建築運動にとって重要な特徴である、光と透明度がもたらされている。清潔感を与えてくれる根拠でもある。

216

歴史的建築を見る

入口の扉を開けて中に入った瞬間に目にとまったのは、中央の丸柱の脇にある、白い円形の手洗い器であった。これを見て、コルビュジエが清潔感を重視していたことに深い感動を与えてくれる。内部の壁・天井は白色の面を有しており、手洗い器とともに空間の清潔感を抱かせる。

1階には駐車場と寝室（3室）があり、階段とスロープが設けられている。2階には居間、広間、台所、寝室（3室）、化粧室が設けられている。さらに、スロープと階段で屋上の「ソラリウム」と「テラス」に出ることができる。このように内部では外部のシンプルさと異なり、斜路の周辺や駐車場部分で、平面は複雑に構成されている。

こうした外側の均一な皮膜は、かかる住宅内部の出来事を包み隠す仮面といってよいであろう。このように、サヴォア邸は内部・外部空間ともに、訪れる人々に清潔感を与えてくれる貴重な建物であるといってよいであろう。

写真(左上)：南東側の外観（© 橋本都子）
写真(右上)：1階中央丸柱脇の手洗い器（© 橋本都子）

サグラダ・ファミリア

アントニオ・ガウディ ◆ スペイン・バルセロナ ◆ 1877 年着工（工事継続中）

カタルーニャの建築家アントニオ・ガウディの未完の大作である。ガウディは紐と錘を用いた模型実験をとおして、カテナリーアーチなどの構造を導入した。ガウディが生前に完成させたのは、地下聖堂と生誕のファサードなどに限られ、全体の4分の1未満と言われている。ガウディが残した設計図書、模型、資料などは、スペイン内戦（1936〜39年）により散逸してしまった。その後の工事は、職人らの口承や、わずかに残されたデッサンなどを頼りに進められている。

サグラダ・ファミリアは、2005年に「アントニオ・ガウディの作品群」を構成する建築としてユネスコの世界遺産に登録された。

時の流れを体感する

工期が数百年に及ぶ大聖堂は数多く存在する。何代もの建築家や技術者の手を経て建設されるため、時代背景に呼応しながら複数の建築様式が採用されることも珍しくない。着工時に生きた人々は完成を見ず、完成後に生きる人は、着工当時の思いを直接知らない。宗教建築を眺めると、時代や世代を超えた時の流れが五感を超えた感覚として響いてくる。

サグラダ・ファミリアは贖罪教会であったため、信者の喜捨だけが建設資金となっていた。資金不足は常態化し、工事は遅々として進まなかった。筆者が初めて訪れた1987年当時は、完成までに、あと200年以上を要すると言われていた。しかし、1990年代以降には拝観料収入などに支えられ、工事の進捗は一気に加速することになった。さらに、IT技術を駆使した構造解析や3Dプリンターの登場、建設技術の進歩などにより、ガウディ没後100年（2026年）の完成を目指している。これまで無数の人々が費やした時間の荘厳さを思うと、この工期短縮のニュースには多少残念な気持ちがつきまとう。

写真（左）：中央交差部上部を見上げる

サンクチュアリ・オブ・トゥルース

レック・ヴィリヤファン ♦ タイ・パタヤ ♦ 1981 年着工（工事継続中）

バンコク近郊のビーチリゾート地として知られるパタヤ・ナク
ルア湾ラチャベート岬には、エラワン美術館やムアン・ボーラ
ーン（古代都市）の設計者としても知られるレック・ヴィリヤ
ファンの思想を具現化する壮大な木造博物館が存在する。この
博物館は、アジア諸国における多様な宗教哲学の融和とタイに
おける木造建築技術や彫刻、古典芸術など貴重な伝統文化の保
存・継承を主張している。

タイ語で「プラサー・サッチャタム」と称されるこの博物館
は、一般に「サンクチュアリ・オブ・トゥルース（真実の聖域）」
として親しまれている。また、1981 年の着工にもかかわらず、
いまだ建設工事が継続されているとともに、すでに修復が開始
されている状況から「アジアのサグラダ・ファミリア」とも称
される。この博物館は、その中央が 105 m の高さをほこると
ともに、東西・南北各 100 m の幅で十字状に構成されている。
そして、そのすべてにおいて金属製の釘を使用することなく建
設されているところに、その物理的特徴が見出せる。

貫かれた意志を知る

サンクチュアリ・オブ・トゥルースはクメール様式の寺院風建築物であり、その全体像は精緻な彫刻で埋め尽くされている。それらは人間の使命を象徴する玉座を内部中央に据え、仏教やヒンドゥー教などの神々や宇宙の調和、4元素（風・火・水・土）説の起源など多様な宗教哲学を象徴する。その結果、この哲学的空間は、われわれがいまだ体験したことがないであろう現実世界の枠組みを超えた奇怪な圧倒的美しさを有するに至る。

この地を訪れる多くの人々が、この博物館の奇抜さに対する表層的理解からその様相に驚愕し、喝采を送る。しかしながら、パタヤの自然と対比されたその様相の意味は、必ずしもその奇抜さからくる「混沌」ではなく、「調和」であるといえよう。その理由は、この建築物の様相が生命の多様性を表現するものであり、有機的なつながりを有する生態系と融合するのは当然だからである。その融合こそ、レック・ヴィリヤファンがこの博物館の建設に込めた強い意志の妥当を物語っているのである。

写真（左上）：精緻な彫刻で埋め尽くされたファサード
写真（右上）：人間の使命を象徴する玉座の彫刻

伊勢神宮-式年遷宮

三重県伊勢市 ◆ 690 年

「式年」とは定められた年、「遷宮」とは宮を遷すことを指す。伊勢神宮の式年遷宮は、20 年に一度、東と西に並ぶ宮地を改めて、古例に従い社殿や御装束神宝をはじめとしてすべてを新しくし、大御神に新宮にお遷りいただく祭りである。伊勢神宮は内宮（皇大神宮）と外宮（豊受大神宮）からなり、これに別宮、摂社、末社、所管社が付属している。両宮とも 4 重の垣で囲われ、中心部に正殿と宝殿が建つ。正殿の形式は唯一神明造である。平面は柱間 3 間×2 間、12 本の柱はすべて丸柱で掘立柱、高床で四周に回り縁と高欄をめぐらし、正面に階段を付ける。屋根は切妻造、棟木は壁面から離れた 2 本の棟持柱で支えられる。

式年遷宮では、内宮と外宮の 2 つの正宮の正殿をはじめ、14 の別宮のすべての社殿や宇治橋なども造り替えられる。飛鳥時代の天武天皇の発意により始まり、持統天皇 4 年（690 年）に第 1 回が行われた。2013 年の第 62 回式年遷宮まで、中断をはさみながら 1300 年にわたり繰り返し行われてきた。

更新を知る

20年ごとに式年遷宮を行うことについては、『皇大神宮儀式帳』に「常に二十箇年を限りて一度、新宮に遷し奉る」、『延喜太神宮式』に「凡そ大神宮は廿年に一度、正殿宝殿および外幣殿を造り替えよ」と記載があるが、その理由はいずれにも記されていない。正殿などの造りが老朽化しやすく耐用年数が短いことがおもな理由とされるが、建築技術の継承において「常若」（常に新たに清浄であること）が求められたため皇宮の遷移に代えて遷宮が行われたなど、さまざまな理由が推測されてきた。結果的に、20年ごとに遷宮が行われてきたことにより、唯一神明造の建築技術をはじめ、御装束神宝などの調度品や祭祀を現代に至るまで伝えられ、技術の継承が図られてきた。

私たちは、鬱蒼とした樹木に囲まれ、常に瑞々しい社殿に向かい、清々しく思いを新たにするとともに、古から脈々と続く重厚な時の流れを感じるのである。式年遷宮は、20年ごとの更新というシステムにより永遠を目指したものといえるだろう。

写真(左上)：外宮・月夜見宮（つきよみのみや）（© 金子友美）
写真(右上)：内宮・荒祭宮（あらまつりのみや）（© 大野隆造）

ファンズワース邸

ミース・ファン・デル・ローエ ◆ アメリカ・イリノイ州 ◆ 1951 年

この邸宅は、"less is more" というミースのデザイン理念を
極限まで純化させた作品であり、近代建築運動のシンボルとも
なっている。外観は白い 3 つの水平面で形成される。地上 2 ft
(610 mm)にあるエントランスデッキは、「大地から持ち上げ
られた平面」がこの邸宅の原型であることを訪れた者に印象づ
ける。そして右奥の地上 5 ft(1,524 mm)に床面が位置し、その
上内法 9 ft 6 in(2,896 mm)の位置に天井面が被さる。この床面
と天井面のはざまの 7 割がガラスの被膜で囲われ居住空間と
なっており、残りの 3 割は玄関ポーチとなる。デッキ、床スラブ、
屋根の端部には同じ成の溝形鋼がめぐらされ、白くペイントさ
れている。その結果、物質性が消去され、幾何学構成のみが浮
かび上がる。屋根と床は、8 本の H 形鋼の柱をその溝形鋼の
外側に溶接することで支えられているが、視覚的には「吊られ
ている」という印象を受ける。また柱がデッキや床面の外側に
出された結果、それらの表面はトラバーチンの目地(2 × 2.5 ft)
をモジュールとする完全なグリッドパターンで覆われている。

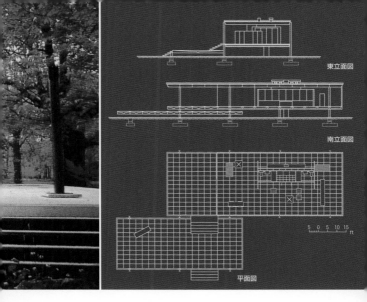

モダニズムの初期を知る

そしてその長手方向4目地分がサッシ幅となり、8目地分が1スパンとなる。3つの水平面の四隅は、2目地分がキャンティレバーで張り出されており、ガラスサッシもそれに呼応して、玄関側が柱から2目地分延長されている。

構造体のこのような対称性に比して、インテリア空間は徹底してそれを避けている。玄関ドアは中心よりも南側に寄せられている。中央コアも皮膜の中心よりも北東に寄せられ、南側と西側により大きなスペースがつくられている。この配置から、"open plan" の中に居間、キッチン、ダイニング、寝室という用途空間がつくりだされる。木肌の美しいコアは唯一物質性を感じさせ、その上端は天井と切り離されて「置かれた」という印象を与え、天井面の連続性が強められる。天井面は楣で遮られることなく、室内から庭の木々のほうへと続く。持ち上げられた床面は近景を遮り、天井面は天空を覆い、フォックス河畔の水平パノラマがガラスの皮膜に吸着されてくる。

写真(左上)：エントランスデッキ（© 中原まり）
写真(右上)：平面図・立面図

ポタラ宮

ダライ・ラマ5世 ◆ 中国・チベット自治区ラサ ◆ 7～17世紀

ポタラ宮はチベット密教を象徴する建築で、チベット自治区のラサにある。街の外輪をヒマラヤの高峰が取り巻き、外界から隔絶した厳しい環境にある。全長約400m、高さ約120m、部屋数約2,000室のこの巨大複合建築は、「天空のランドスケープ」と表現されるように、まさに天空にそびえ立つ超建築である。岩山の延長のような基壇部の上に紅宮・白宮と呼ばれる建築を中心に複数の建築群が建ち、最上部には寺院の象徴である金色のストゥーパ(塔)が輝いて見える。7世紀頃から増改築を繰り返し、時間経過による構築結果がファサードの様相に現れ興味深い。空間構成は下部から上部にいくにしたがい独立した棟に分かれていく。その様相は、増改築による時間経過が自然発生的と同時に構築的な多義的形態となって表現されている。

円環の時間を象徴する超建築

ポタラ宮は、もう一つの時間、すなわち生と死にかかわる「円環の時間」を象徴する建築である。円環の時間とはめぐりくる時間のことで、神話的・宗教的時間に多く見られ、輪廻・再生する時間はその典型である。臨終に際し読まれる『チベット死者の書』は、解脱に至る枕経として知られている。

ポタラ宮の内部は、五感に働きかける巨大なメイズのような闇の空間である。どこも薄暗く、線香や香料、バター茶などの独特のにおいが漂う嗅覚空間、蝋燭と油の灯りに照らされた幽玄で絢爛たる極彩色の視覚空間、僧侶たちの読経と木魚、からからと音を立てるマニ車などの聴覚空間等々。こうした五感に働きかける物を象徴するのが祭壇にある多数の供え物だという。供え物の内訳は、触覚を表す絹布、味覚を表す食物、例えばトルマと呼ばれるバター菓子、嗅覚を表す線香、聴覚を表す鈴や笛、意識を表す灯明である。このようにポタラ宮の内部は、密教の濃密な身体感覚的時空間が連綿と立体的に連続している。

写真(左)：天空に浮かぶポタラ宮

■アラブ世界研究所

ジャン・ヌーヴェル ◆ フランス・パリ ◆ 1987 年

1981 年の国際デザインコンペティションでジャン・ヌーヴェルらが設計者に選出され、1987 年にパリ中心部のセーヌ川沿い左岸の敷地に竣工した文化施設である。フランス元大統領ミッテランが構想した建築プロジェクト、Grandes Opérations d'Architecture et d'Urbanisme のうちの一つで、多くのアラブ系の移民が居住するパリにおいてアラブ世界を広く紹介し、文化交流を促進する目的で建設された。研究所としての機能だけではなく、展示室、図書室、講堂などの一般市民も利用できる機能も併せもっている。

アラブ世界研究所は、2 つのボリュームが中庭を介して南北に配置されている。セーヌ川に面する北側ファサードは、整然とした正方グリッドに割り付けられたガラスカーテンウォールで近代の西欧文化を表現し、南側ファサードはアラブ幾何学をモチーフにしたカーテンウォールにすることで、アラブの東洋文化を表現している。西洋と東洋文化を一つの建築で表現することで、文化交流の象徴的建築になることを意図している。

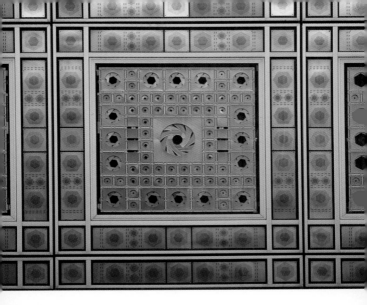

時で動く

多角形の大小の孔で構成されている南側ファサードは、アラブ
世界の古くからの伝統的な建築要素である "Moucharabieh"
と呼ばれるラチス状に組まれた窓の装飾をデザインソースにし
ている。アラブの伝統建築の内部空間に差し込む光を再現し、
アラブ文化を現代的に解釈したデザインになっている。南側
ファサード一面を覆うアラブ幾何学的な意匠は、カメラの絞り
の機械仕掛けと同様に、南から差す太陽光を自動調節する役割
を担っている。調光された光は、金属質の内部空間で反射と屈
折をして影を重ね合わせ、輪郭をぼかし、内部に多様な影を落
とす。時間とともに変化する内部の影は、人々にアラブ世界を
想起させ、西洋とアラブが同じ時間を共有していることを再確
認させる。カメラのダイアフラムをメタファーとした孔は眼の
瞳孔のようで、ファサードには無数の眼が並んでいる。アラブ
世界研究所を来訪する人々は、そのアラブ的な装飾が施された
複眼を通して西洋と東洋を見つめるだろう。

写真（左上）：南側ファサード（© 佐藤将之）
写真（右上）：南側ファサードを構成するダイアフラム（© 大佛俊泰）

桂離宮

京都府京都市 ◆ 江戸時代初期

京都の桂川のほとりにある桂離宮は、源氏物語に描かれた「桂の院」をイメージしたとも言われ、江戸時代初期、八条宮家別荘として智仁親王が完成させ、2代智忠親王により増築された。敷地には雁行形の書院群、松琴亭、賞花亭、笑意軒、月波楼などの建物が点在する。庭には池が中心に配され、その周りに点在する建物を苑路に沿ってめぐる回遊式庭園になっている。

桂離宮の魅力は、数寄屋風の書院をはじめ、飛石などの苑路に導かれて回遊していく間に閉鎖的で暗い林を抜けると、突然、開放的で明るい湖畔が目前に現れるなど、さまざまな雰囲気の空間が演出されたシークエンスにもある。桂離宮は敷地内の限られた空間がいくつにも分節化され、そこを回遊することで異なる雰囲気をひとつながりとして体験できる空間といえる。

季節を知る

桂離宮には四季をテーマとした茶屋があり、季節ごとに使い分けられ、それぞれに特徴のある意匠が施されている。冬の茶屋の「松琴亭」には、料理の保温や暖をとるための石炉も設けられている。春の「賞花亭」は山の頂にある開放的なしつらえの茶屋から深山の静けさを感じながら春の芽生えを、夏の「笑意軒」は水面からの涼風も通り抜ける窓から田園風景を望む。秋の「月波楼」からは湖面に映る月も楽しめるそうである。

「松琴亭」へは、生垣、青黒い小石を敷き詰めた「霰こぼし」が続く「御幸道」を、紅葉山と蘇鉄山との間をまっすぐ延びた敷石道「紅葉の馬場」へ進み、閑雅な待合の外腰掛に出る。外腰掛前にある自然石と切石の「行の延段」を過ぎて、林の空間から、急に池が広がり、州浜や天橋立越しに松琴亭を望みながら飛石や石橋（白川橋）を渡ってたどり着く。さまざまな空間要素により演出された茶屋までのアプローチも、回遊中や立ち止まって池越しに望む景を通して、季節を知ることができる。

写真(左上)：雁行形の書院群　　写真(左下左)：春の茶屋「賞花亭」
写真(左下右)：州浜から冬の茶屋「松琴亭」を眺める

∎パオ（包）

中国・新疆ウイグル自治区

パオ（包）は写真のカザフ族のほか、モンゴル族、キルギス族、ヤクート族など、中国の北方遊牧民の移動式住居としてかなり広く分布している。パオは中国語の呼称で、カザフ族などトルコ系では「ユルト」、モンゴルでは「ゲル」と呼ばれる。しなやかで丈夫な楊柳などの木で骨組をつくり、羊毛フェルトや獣皮で覆う一種のテントである。骨組は巧妙にプレハブ化されていて、組立・解体が容易で、移動時には荷車ひとつに納まるよう折りたたむことができる。

山へ家畜を連れていった男たちの留守の間にパオを組み立てるのは、残された女たちの仕事である。その脇に積まれた家財道具の上で家ができるのを子どもたちが待っている。この子どもたちにとって、住まいの概念はどのようなものであろうか。定住民がもつ、わが家を中心とした居住地のテリトリーは、移動を繰り返す彼らには無縁なのだろうか。それとも、彼らが移動する広大な草原全体がテリトリーとして意識されているのだろうか。

季節によって移動する

遊牧民とはいうものの、実際には一年の季節変化に伴って家畜
の放牧地を求めてほぼ同じルートを回遊しているという。季節
の移ろいに合わせて移動を余儀なくされる、という意味では時
間によって拘束されているといえる。しかし、定住地で暮らす
農耕民と比べて彼らの時間はゆったりと流れているように見え
る。実際に、農民は農作物の世話のために朝早くから夕暮れま
でせっせと働き、種まき時期や収穫の時期など、細かなスケ
ジュールに縛られている。こうした生活は人類史的に見ると、
農業革命によって農作物を栽培して定住できるようになり、よ
り多くの人口をまかなう食料生産と、より大きな人間集団の形
成を可能にした。さらにそれに続く産業革命、そして近年の情
報革命により、ますます時間の刻みが細かくなってきている。
これまでの「進歩」は本当にわれわれの生活を豊かにしてくれ
たのだろうか。草原の風に吹かれてゆったりと暮らす彼らの様
子を見ていると、もう一度考え直してみたくなる問いである。

写真（左上）：天山山脈の麓に点在するカザフ族のパオ（包）
写真（右上）：組立て途中のパオの脇で完成を待つ子どもたち

ジャンタル・マンタル

ジャイシン2世 ◆ インド・ジャイプール ◆ 18世紀

ジャンタル・マンタルとは、サンスクリット語で「計算に使用される機器」を意味する。インドの5つの都市に建設された天文観測所である（現存するのは4都市）。

1720年代のマハラジャであるジャイシン2世は、偉大な学者であり占星術師でもあった。彼は哲学、占星術、建築、宗教を学びさまざまな知識に精通していて、さらに天文学を研究しこれらの天文観測所を建設した。ラジャスタン州ジャイプールのそれは最大であると考えられており、19の観測機器が設置されている。なかでも「最高の機器」を意味するヴリハット・スマラト・ヤントラは世界最大の石の日時計で、2秒の精度まで時間を計測できる。

現在、ここはジャイプールの観光地の一つであり、世界中から多くの観光客が訪れる。彼らはマハラジャの権威を感じながらそのユニークな建造物のある空間を楽しんでいる。

時を知る

人類は、紀元前4000年頃、エジプトで初めて日時計をつくったとされる。そこからさまざまな方法で時を計る方法が考えられ、現在時は生活の中で必要不可欠な概念であることはもちろん、心理学、生物学、哲学、自然科学、物理学、宇宙論などさまざまな分野で研究されてきた。

ジャンタル・マンタルがつくられた18世紀、時を計る方法がほかになかったわけではないだろう。しかし、太陽の動きによって時の流れを体感できる空間と装置はマハラジャの心を惹きつけた。本来、目には見えない時間というものを可視化することは、知識と権力を併せもった者にとって挑戦であったに違いない。その挑戦の結果は、残念ながら精度が悪く7年しか使われなかったという。だが電源も複雑な機械も必要としない巨大な装置は、現在も私たちに時を体験させてくれる。

写真（左）：ヴリハット・スマラト・ヤントラとさまざまな装置

風の丘葬祭場

槇文彦 ◆ 大分県中津市 ◆ 1997 年

風の丘葬祭場は、周辺に田畑や緑地が広がる「風の丘」と呼ばれる小高い丘を敷地にし、火葬棟、待合棟、斎場棟の機能からなる建築が、公園や古墳群を含むランドスケープに溶け込むように設計された弔いの空間である。

火葬棟では、トップライトから降り注ぐ光で演出された静かな空間が「生」と「死」に向き合う時間をつくる。さらに、火葬炉の前は中庭を介して柔らかな光が入り込むが、対象的に外の景色は見えず、光の取り込みによって時間のゆったりとした流れや静寂さを演出している。

待合棟は、木材を使用した温かみが感じられる空間となっている。外部空間の丘を望めるように開口部が設けられているが、公園とは壁を設けて視線をコントロールすることにより、公園利用者と待合の人々の領域を確保している。一方、斎場棟へは待合棟からいったん屋外を経由して移動するが、屋根のある半屋外の通路には、すりガラスのルーバーがはめ込まれ、公園の光を柔らかく通過させつつ、視線を誘導する。

時の流れを見る

斎場棟内は、祭壇と椅子により空間に方向性が与えられている
が、上部に傾斜した壁が角度をもって空間を取り囲むことで、
方向と空間のずれが生じている。さらにトップライトとスリッ
トから差し込む光、水盤を介して反射した光が幻想的な祈りの
空間を演出している。

この建築は、素材の経年変化により空間の変わりゆく表情を見
せる。斎場棟の外壁はレンガのエイジングにより、コンクリー
トとは違った有機的な表情を見せる。

また、公園と待合棟を隔てる壁は、銅板で覆われた「さび」に
よる美しさを演出している。この銅板の壁と青々と生い茂った
芝生との対比により、風の丘の時間軸のコントラストをいっそ
う引き立てる。

緩やかに傾斜するこの風の丘は、古くは弥生時代からの墓地と
して多くの古墳が発掘されている。古代からの移りゆく時間と
変わりゆく命の回想を、建築から感じられずにはいられない。

写真(左上)：火葬棟の静寂な時間
写真(右上)：風の丘と建築の表情

軍艦島（端島）

三菱社 ◆ 長崎県長崎市 ◆ 1916 年

軍艦島は日本の近代化に大きく貢献した海底炭鉱があった島で、1897 年から 6 回にわたって護岸が拡張され、現在は周囲約 1,200 m の無人島（南北約 480 m、東西約 160 m）である。島の正式名称は「端島」であるが、洋上に浮かぶその姿から「軍艦島」と呼ばれている。1916 年に日本初の RC 造の高層アパート（30 号棟、当初は 4 階建の社宅、後に 7 階建に増築）が建設され、最盛期（1960 年頃）には 5,200 人強が居住し、高層住居が林立していた。南東の平たんな部分に生産施設（約 40%）、残りの高地部と埋立地に居住施設があり、生産活動と一体となった超高密度な居住環境が形成されていた。

現存する建物は、1916 年以降に建設された居住関連施設、小中学校、病棟などで、生産施設は明治期のものが一部残存している。同時期の集合住宅は端島にしか現存しておらず、日本の集合住宅の歴史をみるうえでも重要な意味をもつ。2015 年には、近代炭坑の形成から閉山に至る過程が見られる産業遺産として世界遺産の構成資産となっている。

止まった時間を見る

1974年1月15日に閉山式が行われ、4月15日までに全島民が島を去ったが、無人島になっても建築は取り壊されずに海に囲まれた小島に放置された。廃墟となった居住空間には、タンスや火鉢、柱の傷や落書きも当時のまま残っている。その痕跡を通して、子どもたちが高層住居をつなぐ渡り廊下を走りまわり、屋上で野菜を育て、浴場・便所・洗濯場などを共同利用し、台風などの自然災害に立ち向かうことで強い共同体意識が築かれていたことを知ると、当時の暮らしぶりが見えてくる。有効な構造物（ほぼRC造）の保存策が見当たらない中で未来の端島の姿を想像すると、劣化の激しい建物から徐々に倒壊し、やがてその多くが海中に没していく可能性は否めない。ある時点で止まった過去が未来に提示している問いは、高密度居住空間での生活のみならず、建築材料、保存・活用、自然環境など多岐にわたる。軍艦島で止まっている時間は、過去から未来に対する建築への多様な挑戦を示している。

写真（左上）：洋上北部より見る軍艦島
写真（右上）：9階建の鉱員住宅（1918年建設）の上層階部分

マチュ・ピチュ

ペルー・マチュ ピチュ ◆ 15世紀

「天空都市」「スカイ・シティ」と呼ばれるマチュ・ピチュの空間的魅力は、特異な自然環境の山頂部に構築された謎の都市にある。何故このような急峻な場所に都市をつくったかも不明で謎が多い。しかも「美しい廃墟」が時の流れを感じさせ、想像力を刺激し詩情を誘う。

マチュ・ピチュはインカ帝国の遺跡で、クスコの北西約 70 kmに位置する。マチュ・ピチュ（老峰）とワイナ・ピチュ（若峰）の 2 つの聖山に囲まれた山頂（標高 2,430 m）の鞍部につくられている。起伏のある自然の場所性を活かしたデザインで、今日の環境都市の原点のような魅力をもつ。

インカ帝国は 1533 年にスペイン人に征服され滅亡し、マチュ・ピチュは廃墟となり森に覆われていた。1911 年、アメリカの歴史家ハイラム・ビンガムに発見されたが、インカ文明には文字文化がなかったことから、首都クスコとの役割分担や機能なども不明である。アマゾン方面への前進基地、祭祀センター、インカ最後の砦、王族や貴族の避暑地・離宮など諸説ある。

時の流れが可視化された遺跡

マチュ・ピチュの全体構成は、中央に美しい緑の大広場があり、周りを取り囲むように諸施設が合理的に配置されている。広場西側には主神殿、神官の館、祭祀の場所などの聖域があり、反対の東側高台には貴族の居住区、1段下がった場所に技術者の居住区がある。南側には王女の宮殿、太陽の神殿など中心施設が置かれ、北側はワイナ・ピチュへと開放されている。

マチュ・ピチュは次元の異なる3つの時間が重なって見えている。①過去の様相：石で構築され今に残る外壁、通路、段々畑など全体のランドスケープ、特にマチュ・ピチュとワイナ・ピチュの象徴的な2つの聖山が借景として取り込まれた中央大広場からの雄大な光景は、永遠回帰の時間を表徴している。②発見当時のままの姿：遺跡下部に今も森のまま保存されている。③現在の光景：太陽信仰との関連や謎も少しずつ解明・復元され、世界有数の観光地として賑わっている。この意味でマチュ・ピチュは、時の流れが空間として可視化された遺跡である。

写真(左上)：インカ道から見た早朝のマチュ・ピチュ
写真(右上)：マチュ・ピチュ中央部　大広場周りの光景

▌アトーチャ駅

ラファエル・モネオ ◆ スペイン・マドリード ◆ 1992 年

アトーチャ駅は、マドリード最大の駅舎であり、主要な玄関口
である。訪れる旅客たちは、19 世紀末に建てられた豊かな装
飾をもつ重厚なレンガの外壁をくぐり抜けた先に、青々とした
緑が生い茂る巨大な植物園があることに驚きを覚えるだろう。
1851 年に建設されたこの駅舎は、当時の先端素材である 鉄骨
とガラスの屋根をもつヨーロッパ最大級の建築であった。
建設から約 100 年後の 1985 年、高速鉄道 AVE の駅舎増設に
伴い、スペイン人建築家ラファエル・モネオが改修設計を行
い、歴史的価値の高い旧駅舎の骨格やレンガの壁面を残しなが
ら、駅舎内部に旅客やそこに集う人々のための休憩所として熱
帯植物園をつくった。旧駅舎のプラットフォームは、世界各地
から取り寄せられた約 400 種、7,000 本の熱帯植物が植えられ、
2,000 m² の植栽の大空間に生まれ変わった。20 m を超える
高々とした樹木群の足元には、亀や魚などが生息する池もつく
られた。鉄骨アーチ上部の開放的な天窓からは自然光が降り注
ぎ、生き生きとした草花をいっそう引き立てている。

待ち時間が楽しくなる空間

アトーチャ駅の待合スペースの植物園は、大小さまざまな熱帯植物の葉で覆われている。豊かな緑の世界に一歩足を踏み入れれば、駅舎の風景と雑音が消え失せ、緩やかで静かな時が流れる空間が広がる。気温 22〜24 度、湿度 60〜70 % と快適に保たれた温熱環境が肌に心地良い。夕刻薄暗くなると、街灯風のオレンジ色の照明がぽつぽつと灯り、あたかも屋外にいるかのような錯覚に陥る。

この待合スペースは、単に出発までの時間をつぶすための空間に止まらない。植栽エリアに沿って設けられたベンチに腰掛けて周囲に目をやれば、生い茂る熱帯植物から漏れる陽の光の下で、人々が思い思いに時間を過ごしていることに気づく。園内を散歩する人、連れ合いとお喋りに興じる人、歩行者を観察する人、本を読みふける人、待合せをしている人などさまざまである。多くの人にとってここでの時間は、無為に消費するだけの気ぜわしいものではなく、旅の楽しみの一部となっている。

写真（左上）：高さ 48 ｍの天窓から豊かな自然光が降り注ぐ（©Francesco Campagna）
写真（右上）：大小さまざまな熱帯植物の足元でくつろぐ人々（© 鈴木弘樹）

厳島神社

広島県廿日市市 ◆ 593 年

厳島神社のある宮島は、太古から原始林に覆われた弥山を主峰とし、神霊の宿る神の島として信仰の対象とされてきた。島は神域と考えられていたため、厳島神社の社殿は州浜の上に建てられた。

社殿は宮島の北岸の入江地形に面して建っている。檜皮葺きの屋根が複雑に組み合い、東西の回廊とともにある建物群は、平等院鳳凰堂を模したとも言われ、平安時代の寝殿造を彷彿させるおおらかな美しさがある。

厳島神社の特異な点は、海上に建つこと、本殿は多くの祭神が祀られているため破格の大きさであること、また本殿が開放的でありかつ左右非対称であることなどがあげられる。さらに、標高 535 m の弥山を背後に抱える州浜の上という自然災害が懸念される立地でありながらも、本殿や拝殿といった中心的社殿の根幹部は、平清盛の造営以来さほど甚大な被害を受けていないと言われている。周囲の自然に高度に配慮し、計画的につくられてきたことがわかる。

時を知る、時をはかる

厳島神社は海上に建つがゆえ、潮の干満による景色の変化は驚
くばかりであり、その2つの時を知りたくなる。満潮時には回
廊の床下近くまで潮が上がり、より水平方向が強調され、社殿
のたおやかさが際立つ。日差しを受けた水面の輝きが庇を介し
てもたらす柔らかな光や繰り返される波音は、内省を促される
がごとくに感じられる。回廊を歩み体感されるシークエンスの
展開は、厳島神社の醍醐味の一つであるが、そこには本殿から
祓殿にかけて、柱の間隔や天井高、床板の設定にパースペク
ティブやビスタの手法が用いられたことが指摘されている。
干潮時となると、参拝者は浜辺を大鳥居まで散策できる。浜辺
から仰ぎ見る社殿の朱色は、背後の山々や空の色とのコントラ
ストを美しく際立たせている。肌に感じる風や日差し、そして
山の木々の彩りからは季節を体感するとともに、絶え間ない潮
の満ち引きを越えて厳島神社が受け継がれてきた悠久の時を感
じることができる。

写真（左上）：満潮時に昇殿受付から祓殿・平舞台を見る
写真（右上）：干潮時に浜辺から祓殿・右楽房を見る

テート・モダン

ヘルツォーク＆ド・ムーロン ◆ イギリス・ロンドン ◆ 2000 年

テムズ川をはさんでセント・ポール大聖堂の向かいに立地する
テート・モダンは、建築家ジャイルズ・ギルバート・スコット
卿の設計によるアールデコ様式の旧発電所を美術館へとリノ
ベーションしたもので、2000 年に誕生した。

広場のレベルから建物に入ってすぐに現れる巨大なタービン・
ホール（奥行 152 m、幅 24 m、高さ 30 m）は圧巻である。また、
発電所としての雰囲気や構造を尊重することで、近現代アート
の展示と相まって、来訪者に過去・現在・未来と続く時間の流
れを想起させる。

一方で、もとの構造に挿入された展示室やホールには適度に
トップライトが確保され、ここが以前は発電所であったと思え
ないほどのやさしい光が差し込んでくる。さらに、屋上には 2
層分の高さのあるガラスの箱が水平に連続し、来訪者に壮観な
眺望をもたらすとともに、夜になると光り輝くランドマークと
して機能している。工業建築の転用に成功した事例として必見
である。

前の遺産を引き継ぎ新たな空間を生み出す ====

旧発電所は 1981 年に発電所としての役目を終え、過去の時代
の遺物として取り壊されることになっていた。しかし、テー
ト・ギャラリー（現テート・ブリテン）が、展示スペース不足の
解消を目的にここを分館として活用することを決定。安藤忠雄
やレム・コールハースらが名を連ねた国際コンペの結果、スイ
スの建築ユニット、ヘルツォーク＆ド・ムーロンが優勝した。
一見すると手が加えられていないようでありながら、建物内部
にはなかば公共広場のようなドラマチックな空間が広がってい
る。また、巨大なタービン・ホールやそのはるか上部のガント
リー（移動起重機の構台）、高さ 100 m に及ぶ煙突などをあえ
て残すことで、発電所であった頃の雰囲気を感じさせ、空間が
来訪者の記憶に強く印象づけられる。現代においては、建物そ
のものがひとつの美術品とも思える新奇なデザインの美術館も
多いが、本作品はそうした建築と芸術の関係性についても新た
な可能性を提示している。

写真(左上)：外観（© 大佛俊泰）
写真(右上)：タービン・ホール内観（© 大佛俊泰）

カステルヴェッキオ美術館

カルロ・スカルパ ◆ イタリア・ヴェローナ ◆ 1964 年

中世に建てられた古城は増改築を繰り返され、1923 年には美術館として改修されるが戦争で荒廃していた。その後、カルロ・スカルパが改修・改築、展示構成を託され 6 年余りの工期を経て 1964 年に完成し、彫刻、絵画、古代の武器、陶器などが展示される。スカルパは、建築の中央部にあった玄関を東端に移動して東西にまっすぐの軸線を導入した。その結果、入口に立つと東西に延びる展示室の奥まで一望する美しいアーチが連続する光景に、来館者はまず目を奪われる。建物だけでなく絵画や彫刻の陳列方法、展示台や支持金物から照明器具に至るまで、すべてがスカルパのデザインによるものであり、特に自然光の扱いは大きな建築的テーマであった。

敷地は美しいアディジェ川のほとりにあり、城全体は中庭を囲む構成とし、展示室は川沿いに位置する東側と西側の 2 つの建物から構成される。外観はおそらく建設当初のままであろう中世の古城の風情を残すが、内部に一歩入ると細部に至るまで名匠カルロ・スカルパの世界が広がる。

新旧を知る

建物内部の詳細を見ると、例えば既存の窓枠を尊重して残しな
がら新しい技法を重ね合わせることでより美しいデザインを生
み出し、それが展示品にかかわる光の取入れ方にも合うように
考慮されていることがわかる。展示物も建築空間の一部として
取り扱われ、建築物も展示品の一部となっているのである。
東と西の展示室は外部の連絡通路でつながり、見学者はいった
ん建物の外に出ることになる。見学中の小休止となるこの部分
のデザインは特に重要であり、スカルパが多くのスタディをし
た記録が残されている。この場所の主役として、古城の壁から
延びたコンクリート打ち放しの台の上に「カングランデ騎馬像」
が置かれている。さらに、その騎馬像を眺めるための張り出し
バルコニーや連絡ブリッジを設けて、上下左右好きな位置から
見学できるように配慮されている。アディジェ川沿いにある小
さな階段を上ると川越しの美しいヴェローナの街が一望できる
廊下が長く続いており、見学後に過ごす格好の場所である。

写真(左上)：展示空間(東側)と中庭の様子（© 大佛俊泰）
写真(右上)：入口に立つと展示室の奥まで一望できる（© 大佛俊泰）

大英博物館グレート・コート

ノーマン・フォスター ◆ イギリス・ロンドン ◆ 2001 年

大英博物館は、18 世紀に開館した世界最古にして世界最大級の博物館である。ギリシャ神殿を思わせるイオニア式列柱の重厚なファサードの正面入口から一歩足を踏み入れると、美しいガラス屋根から明るい光の降り注ぐ 100×70 m の大空間が広がっている。この無柱の中庭空間が 2001 年の大改修で生まれたグレート・コートである。

グレート・コートは中央の円形閲覧室を取り囲むように広がっており、やわらかな曲面を描くガラス屋根の下にインフォメーションカウンターやミュージアムショップ、カフェなどが設けられている。また、各展示室をつなぐ自由通路となっており、大小多くの展示室があって迷路のような大英博物館をめぐる際の発着点あるいは目印としても機能している。

新旧を知る

この場所は、もともと博物館の中庭であった。しかし、しだいに増加する蔵書や収蔵品に対応するために設けられたリーディングルームと呼ばれる円形閲覧室や、それに付随する閉架式書庫といった図書部門の建物によって占拠されてしまい、博物館の動線に混乱をもたらしていた。

2001 年に完成した改修プロジェクトでは、動線問題の解決のため、まず 1997 年に図書部門の大半をセント・パンクラスの大英図書館新館に移したうえで、円形閲覧室のみを残して書庫部分を取りはらい中庭を復元し、中庭を中心とした明瞭な動線計画を実現している。また、改修前は権威主義的な重苦しい雰囲気が漂っていた博物館を、現代建築による軽快な博物館へと様変わりさせることに成功している。

この改修プロジェクトを手掛けた英国建築界の巨匠ノーマン・フォスターは、ベルリンのドイツ連邦新議事堂においても同様のアプローチで歴史的建造物の再生を行っている。

写真（左）：新旧の対比が目を惹くグレート・コート（© 郷田桃代）

コルドバの聖マリア大聖堂

スペイン・コルドバ ◆ 785 年

スペイン国内に現存する唯一の大モスク（メスキータ）であり、785 年にイスラム教寺院としてアブデラマン 1 世によって建設された。その後、レコンキスタによってカトリック教の支配下に移り、1236 年には内部に礼拝堂が設けられ、イスラム教とキリスト教が混在する世界でも稀有な建築として成立する。
ローマ帝国時代に建造されたローマ橋は全長 230 m、16 のアーチによって構成されており、イスラム時代もカトリック時代も大切に補修され続けてきた。メスキータの礼拝の間の円柱は、このローマ橋をヒントにしたとも言われている。床に敷き詰められた大理石と柱の黒色とは対照的に、赤と白で塗り分けられたアーチに光が降り注ぎ、視線が自ずと上部へ向くように建築的な仕掛けが施されている。

蓄積された時を知る

圧倒的な反復による礼拝の間の円柱は、竣工当時は 1,000 本を超えていたと言われているが、カルロス 1 世による大聖堂の建立によって現在は 856 本まで減少している。円柱はバシリカ式の様式で、二重アーチにより天井が支えられている。改造のたびにゴシック様式の身廊が建設され、装飾では植物文様、ラテン様式、ギリシャ様式が交互に施されている。翼廊の様式に目を向ければ、ゴシック様式、ルネサンス様式、マニエリスムが融合して一貫性はない。5 回の大改造を経たメスキータであるが、改築ではなく増築という手法を取ることによってそれぞれの時代の様式が現在まで残されている。
一歩足を踏み入れれば、単純な色彩の構成が繰り返し反復され、宗教の重なりなどはもはや問題とはならず、厳かな雰囲気を感じられる。写真だけでは伝わらないスケール感に身をおくと、ここで礼拝が行われていた当時に思いを馳せざるを得ず、礼拝者で埋め尽くされた空間に身をおきたくなる。

写真（左）：メスキータの円柱が森のように広がる礼拝の間

マリエン広場のグロッケンシュピール

ドイツ・ミュンヘン ● 19世紀

ドイツ南部バイエルン州都ミュンヘンは、16世紀以降バイエルン公国の首都として繁栄した都市である。1920年代にはナチスの活動の舞台となり、第二次世界大戦では街は大きな被害を受けたが、現在は人口150万人を超える（2019年現在）大都市であり、世界中から多くの観光客が訪れる都市でもある。

マリエン広場は旧市街の中心に位置する。広場には2つの市庁舎がある。旧市庁舎は14世紀に建設され、現在も広場東側のファサードを占めている。新市庁舎は1900年頃にネオゴシック様式で建てられたものである。市庁舎の尖塔中ほどにはドイツ最大の仕掛け時計の付いたグロッケンシュピールがある。仕掛け時計は毎日定時に約10分間、32体の等身大人形がグロッケンシュピールのメロディにのせてパフォーマンスを繰り広げる。上段では16世紀に行われた王の結婚式とその余興の様子が再現され、騎士が馬上槍試合で戦う姿が見られる。下段ではシェフラータンツ（樽職人の踊り）が繰り広げられる。

時を告げる

旧市街マリエン広場周辺は歩行者専用道路となっており、連日観光客や市民で賑わうエリアである。記念撮影をする観光客、ツアーガイドの話に耳を傾けるグループ、カフェでお茶を飲む人、買物帰りの人、市庁舎へと向かう人、待合せをしている人など、広場では人々がそれぞれの目的で思い思いにその時間を過ごしている。この広場には、それらの人々の意識がひとつに集まる時間がある。グロッケンシュピールがメロディを奏で人形が踊る仕掛け時計、その時その場に居合わせた人々は皆耳を傾け、仕掛け時計の動きに注目する。そして、それが終わるとまたそれぞれの時間に戻っていく。人々はグロッケンシュピールと仕掛け時計によってつくりだされる時間と空間を共有するのである。

写真（左）：ミュンヘンの新市庁舎とグロッケンシュピール

紙の建築

坂 茂

工場でロール状に巻きつけた布類や紙類を使用し終えた後に残る紙管を、建築物の構造部位として適合した坂茂による一連の研究と開発と実践の成果の一つである。当初は、展覧会のしつらえとして紙管を使用することで構成美あふれるインテリアを実現していた。これを、構造強度、耐火強度、防湿強度、腐食強度といった建築物の成立に必要な要件について段階的に実証試験を進め、今では、国内外の大きな美術館やパビリオンの構造を担う建築構成部位として、木や鉄やコンクリートに取って代わって活用されている。

軽くて運びやすく、設営や建設もたやすく、解体後の再活用が可能な紙管建築のメリットを大いに活かして、自然災害後の避難者や社会難民のため、いつでもどこへでも坂茂は足を運び、少しでも日常に近い建築空間の提供を実践してきている。カーテン生地やテンション膜といった面状のメンブレン（薄膜）と融合することで、線状の組合せである紙管の可能性を拡充し、輸送、設置、解体の一連の流れをさらにスムーズにしている。

仮設を使う

一般的な建築物と比べて、大幅に安く、軽く、早く、人々へ建築物を提供できることは、避難者や社会難民のみならず、低所得のために満足した家に住むことができていない人々にも、ある一定の環境性能をもった家を実現していくことにも寄与することが可能となる。設営や建設の現場において、紙管どうしや紙管と膜との接合に器具や重機はほぼ必要なく、一般の人々の手で組み立てていく構法的工夫が次々と施されている。

従来の木や鉄やコンクリートといった重厚な建築資材が必ずしも頑丈で構造的安定性を担保するということはなく、坂茂が着目する軽くしなやかな建築資材による軽快な建築物の実現は、私たちに新たな視座を与え続けている。紙管に限らず、身の周りのプロダクト製品がより扱いやすい素材を活用しているように、身近な素材に目を向けて、その組合せによっても、人を内包する比較的大きな構造物を勘案してみることで、建築の新しい実現と新しい価値を見出してみてほしい。

写真（上）：グリッドシェル状の紙管アーチによるハノーバー国際博覧会 2000
　　　　　日本館（© 平井広行 ）

ノマディック美術館

坂　茂 ◆ 東京都江東区 ◆ 2007 年

写真家グレゴリー・コルベールの写真と映像を展示するための
移動式展覧会場である。建築家坂茂が設計したものは、2005
年のニューヨーク、2006 年のサンタモニカに続き、2007 年に
東京お台場に建設された。この建築は、現地でシッピングコン
テナをレンタルして積み上げ、屋根とコンテナの隙間を埋める
膜材やアルミフレーム、小屋組の紙管トラス、床用木製パネル
をリユースし、リサイクル材である紙管柱を用いて構成されて
いる。いずれの都市も 2 カ月という短期間で建設された。
東京のノマディック美術館は、長さ約 100 m の 2 つの展示室が
平行に並び、その間にシネマなどが設けられた、面積 5,000 m²
に及ぶ巨大な仮設建築である。輸送用鉄製コンテナ約 150 台
が、4 列 4 段で市松模様に積み重ねられている。現地調達され
るコンテナは都市によって色柄が異なる。カラフルな配色のコ
ンテナの巨大壁、直立する紙管の太い柱、切妻の白い膜屋根は
実に人目をひく外観であった。東京湾近くの広い土地に突如現
れた建築は、展覧会の会期終了とともに解体された。

仮設を見る

仮設の建築には「ある限られた時間しか存在できない」という
時間性を感じる。ノマディック美術館もそのような仮設の時間
性を有し、独特な時間感覚を誘発している。
ひとつの建築が都市の中に突如現れ、ある日こつ然と姿を消す。
ノマディック美術館から受けるこの感覚は、巨大な建築がさほ
ど時間をかけず建設され、直ちに解体されることによるもの
で、建築の構成部材がその記号となって外観に刻まれている。
空間のプロポーションは圧倒的な存在感を放ちながら、建築自
体が展示物であるかのようにふるまい、都市のインスタレー
ションと化している。また、ノマディック（遊牧）が示す通り、
移動美術館は海を渡ってやってきた。建築家アルド・ロッシの
テアトロ・デル・モンド（船で引かれた移動劇場）ほど直截的で
はないが、都市を巡回するコンテナ船のイメージが空間の移動
を想起させ、そこに流れる時間を感じとれる。このように建築
の時間性が強調され、人々の時間感覚を増幅している。

写真（左上）：市松模様に積まれたコンテナの壁
写真（右上）：紙管による列柱、小屋組トラス、膜屋根

バルセロナ・パビリオン

ミース・ファン・デル・ローエ ◆ スペイン・バルセロナ ◆ 1926 年

バルセロナ万国博覧会でスペイン国王を迎えるためのレセプションホールとして建設されたドイツ館である。博覧会終了後まもなく取り壊されたが、設計者の生誕 100 周年にあたる 1986 年に記念館として復元された。一部の材料はオリジナルから変更され、恒久的な建築として当時と同じ地に建設された。鉄、ガラス、大理石からなる基本的な構成は、パビリオンの外観を印象づける水平で薄い屋根スラブを鉄柱が支えている。この自立した柱により構造を成立させ、構造から開放した大理石の壁、さらにガラスを垂直に配置することで、外部と内部の境界を意識させない空間としている。現代的で明快な構成となっており、ガラスに映り込む光や水との調和が図られる。

仮設を見る、復元する

復元された空間は、ミースの提唱した "less is more" という理念を体現する、簡潔な要素による建築表現の傑作であるとの評価が高い。白く水平に薄く延びる屋根は外部から内部へと連続し、8 本の十字型の断面である鉄柱が支えている。十字型にすることで、柱の存在を目立たない印象にしている。自立した柱により構造を成立させ、壁材を構造から自由にさせた。複数の大理石の壁はフリースタンディングウォールとして、外部空間と内部空間をつくっている。四方にめぐらされたガラスはそれぞれに違った演出となっている。分配配置させた壁、水平の屋根スラブ、ガラスの空間が内外の空間を曖昧にさせる。

また、多数の材質を用いながらも各々精密な仕上げで、開放的な空間を引きしめ、バランスがとれた作品に仕上がっている。浅く水が張られたプールに反射する姿は息をのむ美しさ。どこまでも徹底された水平ラインは、幾何学で要求される完全な厳密さが保たれている。モダニズムの概念をわかりやすく実現した代表的近代建築である。

写真（左上）：池から望む（© 宗政由桐）
写真（左下）：壁で仕切られた空間（© 宗政由桐）

▎アンコール・ワット

カンボジア北西部のシェムリアップに存在するアンコール遺跡群を代表する寺院である。12世紀前半にヒンドゥー教の寺院として建立されたが、16世紀後半に仏教寺院として改修され、現在も仏教寺院として存在している。境内は東西に1,500m、南北に1,300m、周囲を幅190mの濠で囲まれており、祭壇はヒンドゥー教の教えにのっとり東向きに据えられている。

参拝者は西大門を通って前庭へ進み、「マハーバーラタ」と「ラーマーヤナ」の物語をモチーフとしたレリーフがある第一回廊、第二回廊、第三回廊を通って古代インドの須弥山を模した祀堂へ到達するが、建立時に祀られていたヴィシュヌ神は壁の中に埋め込まれており、替わってソター王により4体の仏像が祀られた。現在は遺跡エリアの周囲をゾーン2エリアと設定し、全体で「アンコール遺跡公園」として世界文化遺産に認定され、9〜14世紀にかけてインド様式から脱し、東南アジアの方向を大きく定めたクメール王朝時代のクメール美術を保存・修復する活動が行われている。

時から目覚める

今でこそ世界的に有名なアンコール・ワットであるが、1370年にタイからの侵攻を受け、クメール王族は首都を南部のバサンへ移転させてアンコールを放棄した。100年以上放置状態にあったアンコール旧王都は再発見されるが、1593年にタイのアユタヤ王朝が再度カンボジアに侵攻し、経済発展が行き詰まったアンコールはまたしても放置されることとなる。16世紀以後も何度か西洋人が訪れてはいるが、1860年にアンリ・ムオがこの地を訪れ、初めて世界中へ知らされた。第二次世界大戦後にフランスから独立したカンボジアでは1970年に内戦が勃発し、クメール・ルージュによって多くの聖像が破壊され、現在でも回廊の所々に銃撃の痕が見られる。
神は細部に宿ると唱えたのはフローベールであったか、内部に広がるおびただしい数のレリーフの微笑みがどんな惨状を見つめてきたのか想像がつかず、ある種畏怖すら感じる。修復作業が歴史を上書きすることがないよう祈るばかりである。

写真（上）：聖池から臨む堂宇（© 小林美紀）

ドレスデン旧市街地

ドイツ・ザクセン州 ● 再建継続中

エルベ河畔に位置するドレスデンは、ザクセン公国の栄華を現代に伝える。その美しい文化的景観は、2004年「ドレスデン・エルベ渓谷」として世界遺産に登録されるに至る。特に、ドレスデン旧市街の文化的景観は驚嘆に値する。

旧市街のノイマルクト広場には、かつての敵どうしの和解を象徴する建築物として再建されたフラウエン(聖母)教会が位置する。周辺には、78体の聖人像に彩られたカトリック旧宮廷教会(三位一体大聖堂)、19世紀ドイツの建築家ゴットフリート・ゼンパーの代表作であるゼンパー・オーパー(ザクセン州立歌劇場)、美しい中庭やアルテ・マイスター絵画館、陶磁器コレクションなど複数の博物館を有するツヴィンガー宮殿などが建ち並び、ともにバロックの都を形成する。また、ドレスデン城のシュタールホーフの外壁には、マイセンの磁器タイルで描かれた壁画「君主の行列」が奇跡的に戦禍を免れた遺産として鎮座する。「エルベ川の真珠」と称えられるバロック様式の美しい文化的景観は、永久に人々を魅了してやまないであろう。

時を蘇らせる

　ドレスデンは第二次世界大戦においてドイツで最も激しい空爆
を受け、灰燼に帰した過去を有している。そして、この旧市街
の現在の姿は、かつてのバロック様式の壮麗な街並みを空爆前
の資料などに基づき忠実に再現することで、そのアイデンティ
ティを復活させ、復興を成し遂げたものである。ゆえに、ドレ
スデン旧市街は「破壊と再生の街」と換言することもできよう。
復興を遂げたこの街は、空爆によって焼け焦げた瓦礫を可能な
かぎり再建に利用しているため、多くの建築物の外壁が黒ずん
でいるのが特徴である。特に、利用可能な瓦礫の完全なる組合
せを目指したフラウエン(聖母)教会の再建は、「世界最大のジ
グソーパズル」とも称される壮大な計画として実施された。こ
の瓦礫の利用は、戦争の悲劇にさらされ、破壊され尽くされた
この街の記憶をその再生に深く刻み付けるものとなっている。
ゆえに、戦争という悲惨な過去を内包するこの街の美しさは、
どこか物悲しく幻想的な妖艶さをまとっている。

写真(左上)：エルベ川とドレスデン旧市街
写真(右上)：フラウエン(聖母)教会のファサード

7

多様な感覚

人間の感覚には、磁気を感じる力はないと
されていたが、2019年、地図もなく長い旅ができる
渡り鳥のように、人間も地球の磁気を感じる能力をもって
いることが証明された。そもそも人間にはさまざまな
感覚があるのではと言われ、人間の進化の過程で以前は
もっていたが退化したとみられている。
ここまで「視覚」「聴覚」「触覚」「嗅覚」「味覚」「時間」を
感じさせる建築・都市空間の魅力を紹介したが、
ここでは、「温熱感覚」「平衡感覚」などを紹介し、人間の
多様な感覚とそれを感じさせる空間の魅力を紹介する。

メテオラ

ギリシャ・テッサリア ● 14世紀

ギリシャ中部には天に向かってそびえるかのような峻険な奇岩
群によって形成された絶景が存在する。テッサリア平原の背景
に突如として迫りくるようにそびえ立つ多様な形態の奇岩群の
姿は、その奥に神の領域を暗示させるかのようである。この奇
岩群は、約6千万年前、海底から隆起した砂岩が浸食されたも
のと言われている。人々の侵入を拒む孤高の形態から、この奇
岩群はギリシャ正教の聖地へとなっていく。

最盛期には24もの修道院が活動していたとされているが、現
在、その頂では14世紀中頃に建設されたメテオラ最大の大メ
テオロン修道院（メタモルフォシス）を中核とし、アギア・トリ
アダ修道院、聖ニコラオス・アナパフサス修道院、ヴァルラア
ム修道院、ならびに女子修道院であるルサヌ修道院と聖ステ
ファノス修道院の6つの修道院が活動する。これら修道院で
は、数百年前からの禁欲生活を厳格に守り、まるで時が止まっ
たかのような静寂さのなか、神への観想と祈りを捧げる共同生
活が今も変わることなく送られている。

浮いたように見える

メテオラという名称は、「浮遊している」というギリシャ語の形容詞メテオロスからきていると言われている。それを物語るかのように現存する修道院はそのすべてが奇岩の頂に存在し、この奇岩の一部でもあるかのごとく自然と溶け合った景観を形成する。この自然との融合は、ユネスコがメテオラを世界遺産のなかでも極めて少ない複合遺産として登録していることからもうかがえよう。しかしながら、修道士が命をかけて建設した修道院群は、その峻険な景観とは裏腹に奇岩群の頂の上でまったく別の表情を見せる。例えば、緑豊かな中庭や花々が咲きほこる広場、壮麗なフレスコ画で覆われた礼拝堂、テラスから見る街や奇岩群の壮大な景色など、天空に存在する別世界でもあるかのように、そこは穏やかで豊かな環境を形成する。

神の世界に憧れ、奇岩の頂に建設された天空の修道院群における穏やかで豊かな世界観は、われわれが神とともにあることを常に感じさせるのである。

写真（左上）：アギア・トリアダ修道院
写真（右上）：聖ニコラオス・アナパフサス修道院

ジャマ・エル・フナ広場

モロッコ・マラケシュ ◆ 11世紀後半

ジャマ・エル・フナ広場は、すべての五感を刺激し続ける場所、時間の進行とともに空間が熱気を帯びて盛り上がり、夜になるとクライマックスを迎える不思議な魅力をもつ空間である。人間のアクティビティと仮設的装置のみで、極めて魅力的な空間を現出する稀有な場所である。

この場所は、モロッコ中央部の旧市街・マラケシュ（赤い街）にある。ほとんどの建物が赤色であることから、この呼称がつけられた。マラケシュのメディナ（旧市街）は北アフリカで最も規模が大きく、交易都市であることから政治、経済、文化の中心地として栄え、今日では世界遺産に登録されている。

この広場は、マラケシュ旧市街の象徴的な中心広場である。「ジャマ・エル・フナ」という呼称は、この場所にまつわる意味がある。かつて、この広場が公開処刑場だったことから、アラビア語で「死人の集まり」を意味する。観光客で賑わう象徴的な場所であることからか、2011年4月に爆弾テロで多くの犠牲者が出たが、現在は再び賑わいを取り戻している。

五感を刺激し続ける場所

不定形な形をした広場周りの低層の建物には、ホテル、レスト
ラン、喫茶店、土産物店などが並ぶ。午前中、特に朝は人も少
なく、がらんとしたとりとめのない空き地のような場所である。
午後になると三々五々に人や物、動物や車が集まってくる。
仮設テント、屋台、果物店などが組み立てられると同時に、
ミュージシャン、ダンサー、猿回し、蛇使い、占い師等々、さま
ざまな大道芸人が広場のあちこちで芸を披露し人垣ができる。
みるみるうちに目の前の光景が変わる。音やにおいの刺激も時
間とともに変化し高まる。大声で呼びかける人、歌う人、踊る
人、笛の音やドラ・太鼓の響き、フルーティな香りや串焼きケ
バブの焼けるにおいなど、視覚、聴覚、触覚、嗅覚、味覚を刺
激する事象が時間経過とともに高まっていく。
夕刻から広場全体に明かりが灯る頃、動きがとれないほどの
人々の熱気がピークに達し五感を刺激する。広場の店の２階テ
ラスに上ると、燃えるような熱気を感じることができる。

写真(上)：クライマックスのジャマ・エル・フナ広場

ステップ・ウェル

インド・グジャラート州パータン ◆ 11 世紀

ステップ・ウェルとは、極めてミステリアスな魅力をもつ階段
井戸で、視覚だけでなく多様な身体感覚を刺激する地下空間で
ある。インド西部の乾燥地帯に多く見られ、数百あると言われ
ている。現地ではヴァーヴ（Vav）とも呼ばれる。地面を十数メ
ートルの幅で長方形に切り取り、地下方向に階段で下りていく
構成で、M. エリアーデが指摘する「聖なる空間」でもある。
その象徴的事例がパータンの「王妃の階段井戸」である。幅
17 m、長さ 65 m、深さ 28 m、地下 7 層の壮大な空間で、地下
宮殿のような空間である。両側からの巨大な土圧に対抗した長
大石壁が左右にそびえ立ち、その巨壁を柱梁の立体格子が空
中で突っ張り、階段に林立する列柱が重力を地面に伝える。そ
の空間構造は明確で、強力な空間力を身体全体に感じさせる。

地下空間へのシークエンス

この場での空間体験は写真を見るだけではわからない。極めて
身体感覚的だからである。頭上の立体格子と巨壁の圧力を感じ
ながらゆっくり階段を下りると、周りはしだいに薄暗くなる。
所々吹き抜けた立体格子の間から木漏れ日のような光が差し込
み、壁に掘られたヒンドゥー教の神々の彫像を照らし出す。
よく見ると柱頭や柱脚にも宗教的装飾や記号があり、この場所
が「聖なる空間」と関連していることを感じさせる。インドの
宇宙観においては、天上だけでなく地下もまた、ひとつの「聖
なる空間」なのである。
さらに水場に近づくにしたがい、静寂と空気の湿り気とともに
ひんやりとした身体感覚を覚える。灼熱の太陽が照りつける地
上とは別世界の空間を感じることになる。地下へのシークエン
スも終わり最終の水場が見える光景は、極めてドラマティック
である。冷気を帯びた薄暗い地中に、井戸の上から差し込む光
に照らされた、神々しい雰囲気の水場が出現する。

写真（左）：パータンのステップ・ウェル　聖なる水場の光景

7 多様な感覚　　273

ヴァルスの温泉施設

ピーター・ズントー ● スイス・ヴァルス ● 1996 年

スイス南部、アルプスの山あいを流れる川に沿って、小さな村ヴァルスがある。谷をはさむ急峻な山の頂上付近には荒々しい岩肌が現れ、山腹には牧草地が広がり納屋が点在する。川沿いの集落から少し登ったところの山裾に、「玄武岩の細長い石塊」が顔を出している。内部は、石塊に穿たれた複雑な形状をした洞穴としてつくられ、天井のスリットから自然光が落ちる薄暗い空間である。石塊に包まれた完全に暗い空間から、屋外の明るい空間まで湯につかりながら回遊できる。

ピーター・ズントーは、素材の選定と精緻なディテール、「物」としての質感にこだわる。この地で採れた石と鉄筋コンクリートが一体となった構造と、丹念につくられたディテールによって、風景と一体の石塊としての「オーラ」を生み出している。

空気感に触れる

ズントーが最も重視するもの、それは良質の建築がもつ"atmosphere"(空気感)の追究といえる。「事物が、人間が、空気の質が、ざわめきが、音が、色が、あらゆるものが。物質の存在感、テクスチャー、そして形」、これらは五感として切り分けることができない。これらすべてがつくりだす空気感、ズントーはその器を「建築の身体」と呼ぶ。

服を脱ぎ、浴室に足を踏み入れた瞬間、この「空気感」に包まれる。そしてこの建築の肌に触れることは、そのまま、アルプスの岩肌に触れることを思わせる。それほど重厚に、密実に、かつ年月に磨かれた石のように艶やかにつくりだされた「物」を感じる。薄暗さによって視覚が制限され、聴覚や皮膚感覚(触覚・温度覚)が刺激される。この空間は決して静寂ではない。むしろ、硬質な壁体に反響する水音や環境音楽に満ちている。その響きからは露天の浴槽に移動した際に解放され、眼前にアルプ(放牧場)を眺めることになる。

写真(左):斜面に埋め込まれた建築の外観

除湿型放射冷暖房

放射冷暖房とは、ラジエータの中に夏季には冷たい水を、冬季には暖かい水を流し、周辺の空気から徐々に冷やす（暖める）ことで、空間全体の温度を緩やかに変えていく冷暖房システムである。ラジエータの中に水を循環させ、放射による熱交換と自然な空気の対流によって、安定した温熱環境を提供できる。

また、放射冷暖房では、夏の湿った空気に含まれる水分が、冷えたラジエータの表面で結露してしまう。ここで紹介する「除湿型放射冷暖房」は、この結露水を付属のドレンパンで受け、配管を通して排水することで自然除湿を行っており、放射冷暖房の弱点を逆手にとった仕組みとなっている。

このように、放射冷暖房では、温度だけでなく湿度も調節することで、より自然で快適な室内環境をつくりだせるのである。

空気に触れる

実際の導入例として、「PS オランジュリ（熊本）」では、築100年の建築を耐震改修した際に、熊本の厳しい猛暑と高湿度の中で、除湿型放射冷暖房を用いて効率的に冷暖房を行っている。この事例では、執務空間の中にバランス良くラジエータが配置されているが（写真上の左手前と奥）、縦桟状のラジエータは、間仕切りや手すりなどの機能を兼ねて配置することができる。このため、計画の初期段階から、地域の気候、空間や用途に合わせてラジエータの配置やサイズを検討することで、意匠や入居者利用（ゾーニング）と設備機能の調和、快適性の向上や省エネルギー運転につなげることが可能である。

また下の写真では、食品庫において、野菜やチーズなどを食べ頃の状態まで熟させる「追熟」のために、温度と湿度を適正範囲内にコントロールすることを目的に設置されている。

温度のむらができにくい放射冷暖房の特性を活かした、ひとが滞在する空間以外での展開可能性が広がる提案である。

写真（左上）：PS オランジュリ（熊本）の設置事例（© ピーエス株式会社）
写真（左下）：食品庫における放射冷房設置事例（© ピーエス株式会社）

養老天命反転地

荒川修作＋マドリン・ギンズ ◆ 岐阜県養老町 ◆ 1995 年

大地を削ってつくられた巨大な彫刻であり、その上を歩くことのできる立体的な絵画でもあり、いわゆる公園としてはまったく危険すぎる場所で、いわゆる建築としてはなんの役にも立たない。18,000 m² に及ぶ広大な、なにものかである。

「養老天命反転地記念館」、「極限で似るものの家」といった独立したパビリオンと、無数の凹凸がある「すり鉢上のフィールド」で構成される。水平な床も垂直な壁もどこにもない、歩きやすい道も安心できる空間も見つけられない。常に少しずつ知覚が揺さぶられ、私たちを混乱させる。自分のいる鮮やかな色の壁で囲まれた床は、そのまま、自分のいない天井に反転されている。荒川は、「その人の感覚が――自分の姿のないところへ落ちていく」場を「知覚の降り立つ場」と呼ぶ。

身体性を揺さぶる

J.J. ギブソンが提示したアフォーダンスの概念を用いて佐々木正人が養老天命反転地を解説している。佐々木によると、ここは「横に穴のあいたコーヒーカップ」である。当たり前の現実世界に生起した異変は私たちに適応を求める。横に穴があいているのであればそこからコーヒーを飲むという、想像してみると滑稽ではあるが、新たな「身体的」作法が発見されていく。この「カップの穴」のように、世界にある身体にとっての意味がアフォーダンスである。

重要なのは、われわれの視覚や触覚が「身体的」に発動しているという点である。眼球と脳だけで感覚が得られるわけではない。したがって、この建築およびランドスケープによる作品は本書の根本テーマを揺さぶる。この地に降り立って、どうにか歩いて、どうにか登って、そうしながら「見る」ことで初めて知覚される。身体運動を強いることで、当たり前の世界に怠惰した知覚を覚醒させる建築といえようか。

写真（左上）：養老天命反転地記念館　内観
写真（左下）：「精緻の棟」の屋根の下

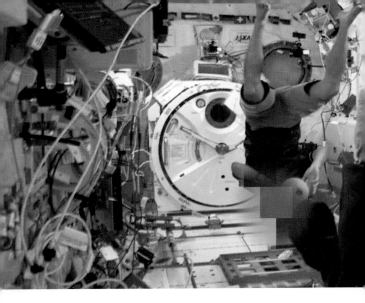

▋重力感

私たち人間の生きている環境はどのような環境であろうか？
その環境のなかで動物としてのヒトはどのような形、立ち居振る舞いをしているのであろうか。ほかのさまざまな動植物と比べてみると、空中を飛ぶ鳥ではない、水中を泳ぐ魚や鯨ではない、地中に生きるもぐらでもない、地上の空間に生きている。動物としてのヒトは、地上の空間に生きるのにふさわしい形と感覚をもっている。地上を動くことで、主として視覚により空間を認知し、地上環境で生活する。

そして、地上では重力を受けている。地面に立つ、座る、寝る、動く、どのような生活行為でも、体は地面から離れることはできない。重力のある地上では人間は常に平面に接していて、天井には接しない。建築空間の面として、平面が人々の行動を決める。そして重力があることによって「上、下」ができる。

それでは重力がなくなるとどうなるのか？

宇宙のような無重力（微小重力）の環境では、「上」も「下」もない。立花隆は著書『宇宙からの帰還』で、アポロ宇宙船の

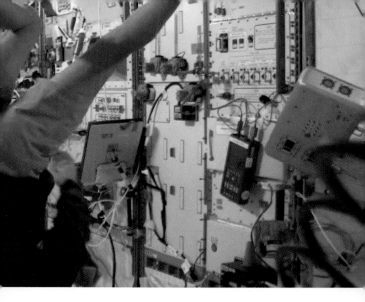

私たちは地上に暮らす「地上人」

飛行士の体験を述べているが、宇宙船内の空間について「宇宙空間においては上も下も存在しない」、「人間は床に立つのではなく空間に浮かぶのだからどの壁面も均等に利用できる」ことを述べている。宇宙を体験した飛行士たちは、狭い宇宙船の空間をさほど狭く感じなかったという。

筆者らは JAXA の「宇宙でのびやかに暮らそうプロジェクト」で、国際宇宙ステーションにおいて、無重力の空間で、人と人はどのように向き合うか、また空間の広さをどう感じるか実験をすることができた。

限られた宇宙飛行士による実験ではあるが、不自然な向き合いで浮かぶ状態から始めてもらったキャッチボールは、やがて正対するようになる。距離感や広さ感については地上と変わるものの、会話は顔と顔が正対するようにする。結局、われわれは「地上人」であることを確認した。あらためて、地上環境での「地上人」の所作ふるまいの意義を考えてみよう。

写真（上）：国際宇宙ステーション（© 西出和彦 / NASA / JAXA（実施））

8
感覚論に
影響を与えた
人々

建築・都市空間を体験するとき、視覚だけでなく、
聴覚、触覚、嗅覚、味覚、時間などの感覚からさまざまな情報を
得ている。古代ギリシャのアリストテレスによって分類された
五感をはじめ、運動感覚、平衡感覚などさまざまな
感覚がある。感覚は空間を認知し、把握や記憶の形成に
大きな影響を与えている。
空間を理解するために、感覚について、あるいは感覚を基に
建築・都市空間に関連づけて論じた人々の諸論の知識を
得ることは、建築・都市空間を探求し、デザインをしていくうえで、
より魅力的で心地良い空間づくりに役立つであろう。

アリストテレス　『霊魂論』

Aristotélēs, 384-322BC

アリストテレスは万学の祖と呼ばれるが、プラトンのイデア論との比較において、特に経験論的な自然科学の基礎を築いたとされている。五感に関しては、ロゴス（理性）をもつ人間のプシュケー（魂）を論じた『霊魂論』に記されているが、これはアリストテレス自然学の一部として位置づけられる。プシュケーをもつ動植物などの生命体は、それ以外の物体に対して、自ら運動変化すること、さらに感覚することにおいて顕著な違いをもつとされる。そして視覚、聴覚、触覚、嗅覚、味覚の五感は、光や空気などを媒体とし、眼や耳などの固有の感覚器官を通して、例えば視覚からは色が、聴覚からは音が経験される。

一方で、複数の感覚による共通感覚からは、運動と静止、形、大きさ、数などの感覚ももたらされる。そこから自然学は形而上学へと結びつけられ、「すべての人間は、生まれつき知ることを欲する。その証拠としては感覚への好みがあげられる。」という『形而上学』冒頭の名言となっている。

写真：ラファエロ・サンティ「アテナイの学堂」のプラトンとアリストテレス

谷崎潤一郎 『陰翳礼讃』

Tanizaki Jun'ichirō, 1886-1965

「美は物体にあるのではなく、物体と物体との作り出す陰翳のあや、明暗にある」「われ／＼は一概に光るものが嫌いと云う訳ではないが、浅く冴えたものよりも、沈んだ翳りのあるものを好む」。谷崎の随筆『陰翳礼讃』は、戦後英訳され、その美意識が欧米の知識人に高く評価された。現代においても、安藤忠雄、ピーター・ズントー、ジェームズ・タレルなど多くの建築家や芸術家に影響を与え続けている。

「われ／＼が住居を営むには、何よりも屋根と云う傘を拡げて大地に一廓の日かげを落し、その薄暗い陰翳の中に家造りをする」「ほのじろい紙の反射が、床の間の濃い闇を追い払うには力が足らず、却って闇に弾ね返されながら、明暗の区別のつかぬ昏迷の世界を現じつゝある」といった谷崎美学は、日本文化や東洋と西洋との比較という文脈の中で語られるが、現代においては電化された近代以降の視覚的環境に対する文明批判として参照されることも多い。

写真：ジェームズ・タレル「光の館 - House of Light」の「庭の間」

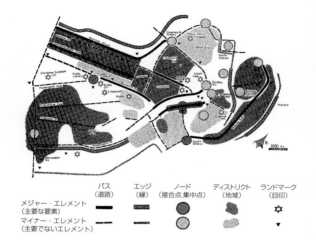

パス（道路）　メジャー・エレメント（主要な要素）　マイナー・エレメント（主要でないエレメント）

エッジ（縁）　ノード（接合点,集中点）　ディストリクト（地域）　ランドマーク（目印）

K. リンチ　『都市のイメージ』

Kevin Lynch, 1918-1984

アメリカの都市計画家リンチは、1960 年に『都市のイメージ』を発表した。本書は、都市デザインのみならず、さまざまな分野に影響を与え、今なお読み継がれている。本書で有名な内容は、都市空間の視覚的な特質を論ずるため、レジビリティという新しい概念を導入し、環境イメージを「アイデンティティ」「ストラクチャー」「ミーニング」で説明している。また、都市のイメージを「パス」「ランドマーク」「エッジ」「ノード」「ディストリクト」の 5 つの要素に分類していることである。レジビリティは特に重要と説いているが、それを理解するためには都市の感じとられ方が重要で、イメージ形成や分別能力は「色、形、動き、偏光などの視覚的な感覚をはじめ、におい、音、接触、筋肉運動の感覚、それに重力感（中略）たくさんの手がかりが用いられる」と説明している。

本書冒頭の「都市を眺めるということは、それがどんなにありふれた景色であれ、まことに楽しいことである。」は至言である。

図：現地調査から引き出されたボストンの視覚的形態[1]

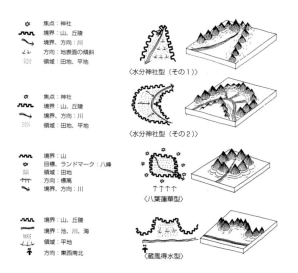

✿	焦点：神社
∿	境界：山、丘陵
～	境界、方向：川
↙↓	方向：地表面の傾斜
▨	領域：田地、平地

〈水分神社型（その1）〉

✿	焦点：神社
∿	境界：山、丘陵
→	境界、方向：川
▨	領域：田地、平地

〈水分神社型（その2）〉

∿	境界：山
✿	目標：ランドマーク：八峰
▨	領域：田地
↑↑	方向：標高
～	境界、方向：川

〈八葉蓮華型〉

∿	境界：山、丘陵
≈≈	境界：池、川、海
▨	領域：平地
✛	方向：東西南北

〈蔵風得水型〉

樋口忠彦 『景観の構造』

Higuchi Tadahiko, 1944-

ひとつの視野にとらえられるランドスケープの有り様、眺望とは何かという問題に対し、近景、中景、遠景の分類は視点から対象景までの距離によるタイプ分けであるなど、メルテンスなどの先駆的研究から、ランドスケープの視覚的構造すなわち眺望の性質を明らかにする指標として、可視・不可視、距離、視線入射角、不可視深度、俯角、仰角、奥行、日照による陰陽度を設定している。

具体的な事例として、自然景観の中で地形も構成するランドスケープを対象とし、その形状から水分神社型、秋津州やまと型、八葉蓮華型、蔵風得水型、隠国型（隠処）、神奈備山型、国見山型の7つのタイプに分類し、その空間の構造（焦点・境界・方向・領域）を規定している空間構成要素（神社・山・川・平地・傾斜など）との関係を論じた。自然景観の中でシークエンスを生じる地形的な特徴を類型化して示したものであり、物理的環境の「もの」の側面から景観の構造に迫ったものである。

図：空間の構造と構成要素（7タイプに分類したものから4例を示す）[2]

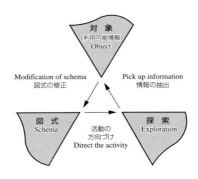

図：知覚循環モデル[3]

U. ナイサー　『認知の構図』

Ulric Neisser, 1928-2012

認知心理学の父と呼ばれている U. ナイサーは、1967 年に『認知心理学』を著した。しかし、この分野でその後主流となった、知覚を情報受容から認識に至る処理過程とみなす受動的な知覚モデルに疑問を抱き、上図のような能動的な活動を含む「知覚循環」モデルを提唱した。このモデルでは、知覚を予期・探索・情報抽出の連続的過程とみなし、予期により活動を方向づけるものを図式（スキーマ）と呼んだ。この図式は、人があらかじめ対象についてもっている知識で、それに基づいて知覚対象が何であるか仮説を立て、それを確かめるための「活動の方向づけ」を行う。そうした探索活動により「情報抽出」を行い、先に立てた仮説と照合して違えば「図式の修正」を行う。そして修正した仮説により再度「活動の方向づけ」を行うといったことを、正しく認識されるまで繰り返す。いわゆる認知地図は、空間内の移動を方向づける一種の図式であり、知覚対象を同定するための対象図式に対して、定位図式と呼ばれる。

$D/H \fallingdotseq 0.5$
中世の都市

$D/H \fallingdotseq 1$
ルネサンス時代の都市

$D/H \fallingdotseq 2$
バロック時代の都市

▌芦原義信 『街並みの美学』

▌Ashihara Yoshinobu, 1918-2003

建築や都市の計画・デザインの分野で、さまざまな事象の理解や設計の方法論において、ゲシュタルト心理学でいう「図」と「地」の概念は有用である。20世紀前半に創出されたゲシュタルト心理学では、要素などの部分に対する全体の優位性を唱え、部分の性質は全体の構造によっているとしている。

N.ウェルトハンマーは、視覚による形態のまとまりをゲシュタルト要因としてあげた。建築家でもある芦原義信は、著書『外部空間の構成』において PN スペースの概念を示した。建築や構造物の壁面から内側に向かって求心性の強い空間を P スペース、周辺が囲まれずに境界がはっきりしない外側に向かう遠心性や発散性の強い空間を N スペースとした。江戸とイタリアの街の地図を白黒反転して比較し、日本の街並みは建物と街路との関係を示すものではなく、両者の間には曖昧な残部空間があり、イタリアの街路や広場では輪郭が明瞭で「図」としての性格を保持し、街路を構造化された「図」の構成と論じている。

図：イタリアの街並みの D/H[4)] と地図の白黒逆転（G. ノリ「ローマの地図」より)[5)]

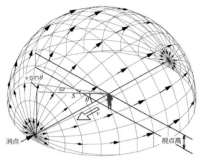

ω：光学的流動（角速度：rad/s）

$$\omega = \frac{v\sin\theta}{S}$$

移動速度　v
進行方向との角度　θ
距離　S

J.J. ギブソン　『生態学的視覚論』

James J. Gibson, 1904-1979

生態心理学者ギブソンは、人工知能やデザインの分野で近年注目されているアフォーダンス理論の提唱者として知られている。彼の知覚理論は、生態学的な観点、つまり人間の能動的な行為と環境との間の相互作用を重視する点に特徴がある。
人が移動することによって周りの環境の見え方は変化するが、その変化のしかたは上図に示すように、空間を構成する面の配置と一定の関係がある。人はこの環境の各部分の光学的流動パターンから、3次元空間を直接知覚することができる。また、視覚に限らず、人が床や壁を叩いたりなでたりして環境に働きかけることによって、聴覚や触覚などさまざまな感覚を通してアフォーダンスが知覚されるとしている。アフォーダンスは、ある対象物やある環境で何かをしようとしたときにそれを可能としている特性のことであるが、実際に対象へ働きかけなくても、見ただけで可能な行為を読み取ることができる。この読み取りやすさがデザインのユーザビリティの要件となる。

図：移動中の人から見た空間の各点が後方に移動する角速度

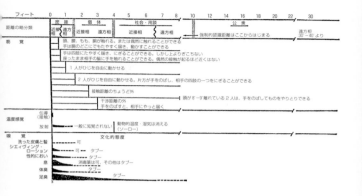

E.T. ホール　『かくれた次元』

Edward T. Hall, 1914-2009

文化人類学者のE.T.ホールは、さまざまな文化の人々の振る舞いの行動観察から、対人距離はそれ自体がコミュニケーションとしての機能をもつと考え、距離をコミュニケーションと対応させて分類し、密接、個体、社会、公衆の4つの距離帯に分け、それらは文化によって異なるとした。著書 "The Hidden Dimension（かくれた次元(1966)）" では、「Man surrounded by a series of invisible bubbles which have measurable dimensions（人間は測定可能な寸法の広がりをもつ一連の目に見えないあわ（バブル）に包まれている）」と述べ、人間は一人ひとりの見える肉体の周りに、見えない人体の延長があるということを示した。

そして、このような対人的な人間の空間行動を研究する領域をプロクセミックス（proxemics）と名付け、人間どうしの相手に対する感覚として、近距離では筋覚、温熱感覚、嗅覚、長距離では視覚、聴覚が役割を果たしているとした（図）。

表：プロクセミックスの知覚における遠距離と近接受容器の相互作用[6]

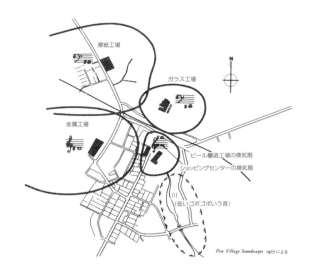

厚紙工場

ガラス工場

金属工場

ビール醸造工場の換気扇

ショッピングセンターの換気扇

川
(低いゴボゴボいう音)

Five Village Soundscapes 1977 による

▌R.M. シェーファー 『世界の調律』

Raymond M. Schafer, 1933-

カナダの作曲家で音響生態学者シェーファーは、1960年代末から建築・都市空間における聴覚による感覚体験の復権を目指し、「サウンドスケープ（音風景）」の概念を提唱した。著書『世界の調律』では、人々を取りまく自然からの音、まちの喧騒、音楽なども含めた音環境をひとつの文化としたサウンドスケープを歴史的変遷、表記、知覚、形態学などから分析している。また、ゲシュタルト心理学の「図」と「地」の関係と同様に、まちの音を警告音など注意を向ける「信号音」と、波音など土地固有の「基調音」とでとらえている。信号音には、住民が尊重しまちの象徴とする「標識音（サウンドマーク）」も含まれる。上図は、スウェーデンの村の音風景を地図上に音の輪郭とピッチで表記した例である。教会の鐘は工場のサイレンに比べて小音量であるが、住民は音の到達範囲を広くイメージしていた。これは音の広がり方とまちの空間構成との関係以外に、サウンドスケープ・デザインにも欠かせない標識音だからである。

図：スウェーデンのスクルーヴ村[7)]

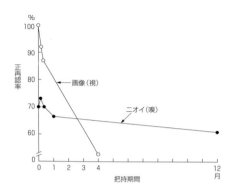

■T. エンゲン 『匂いの心理学』

Trygg Engen, 1926-2009

アメリカの心理学者エンゲンは、人の嗅覚に関する特徴を掘り下げた。ある場所のにおいは、そこでの出来事を長期記憶として保つ働き（プルースト効果）がある。また認知科学では、人間を取りまく環境が記憶を助ける働きを果たすとされている。これらのことから、嗅覚は重要な働きをしていると考えられた。著書『匂いの心理学』では、嗅覚を解剖学、生理学、精神物理学などから分析している。視覚と嗅覚の記憶に関する実験結果から、嗅覚は短期的には記憶に残りにくいが、一度記憶されると長期的に保たれることを実証している。同書の中で、「視覚、聴覚が認識に対して演ずる役割と同様に、嗅覚は情緒に対して重要な役割を演ずる」としている。

嗅覚からの情報は、視・聴覚のように明確な情報をつかめるわけではないが、空間の雰囲気の直感的把握に寄与する。人々が体験してきた過去の記憶ともつながって情緒的な反応を長期的に想起させるデザイン手法の一つになるであろう。

図：視覚と嗅覚における再認率と把持期間[8]

■J.D. ポーティウス　『心のなかの景観』

■John D. Porteous, 1943-

カナダの地理学者ポーティウスは、五感による空間知覚から感覚地理学を展開し、嗅覚によるスメルスケープ、聴覚のサウンドスケープ、身体のボディースケープなどを人文主義的な観点からアプローチした。なかでも建築・都市における空間体験には嗅覚が重要な要素だとし、悪臭などのネガティブからポジティブなものも含む「スメルスケープ（かおり風景）」の概念を提唱した。著書『心のなかの景観』スメルスケープの章では、文学作品にみる嗅覚からの心象風景やかおりの描写を空間と時間の両面で考察している。同書では「匂いは、心にじかに働きかけ、何かを思い出させるような、あるいは心を揺り動かす、そしてまた有意義なもの」、「空間的に非連続的かつ、断片的なものであると同時に、時間的にも偶発的なもの」としている。嗅覚は、場所がもつ過去の出来事を蘇らせる。まちのスメルスケープが均質でなく特徴あるものになれば、その場所を訪れた際の記憶を思い出す装置として働くだろう。

写真：J. レイノァの自叙伝（1973）に描かれたウエストミンスター寺院

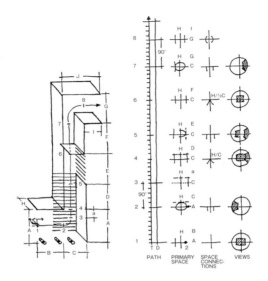

▌P. シール "People, Paths, and Purposes"

▌Philip Thiel, 1920-2014

環境行動研究の創始者のひとりである P. シールは、環境のデザインは環境内を移動する人の経験に基づいて行われるべきであると考え、空間の利用者の要求や好みに沿ったデザインを実現するための道具としてシークエンス・ノーテイション（表記法）を開発した。これは、建築や都市の空間を移動しているときの連続的な体験について、環境から受け取る感覚情報の変化とそれに伴う心理的変動を時間軸に沿ってグラフィックに表現したものである。これは、実在する空間での体験を記述して環境行動の研究に役立たせるだけでなく、これから設計する空間について計画段階でそこでの体験を予測する道具にもなる。

実際に、ランドスケープ・アーキテクトの L. ハルプリンは、アメリカのミネアポリスでニコレットモールを設計する際に、同様のモーテイションを用いて、そのモールが完成した際にそこを歩いて体験されるであろう、さまざまな人々の動きや景観構成要素の現れ方をスタディしている。

図：空間シークエンス・ノーテイションの例[9]

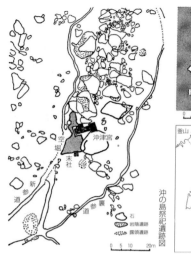

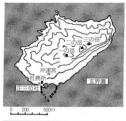

沖の島祭祀遺跡図

上田篤　『空間の演出力』

Ueda Atsushi, 1926-2009

P. シールは日本の神社参道について、「分析するのにたいへん有意義な材料を提供している」と、シークエンシャルな連続体験の効果を環境デザインに資するものであると述べた。空間の演出を理解することは空間計画に有用である。上田篤は参道について、その終点で常世の国へと意識が弾かれることを述べ、クライマックスを演出する手法として「翔ぶ構造」と表現した。G. カレンは『都市の景観』で、イプサムの街並みのスケッチから視覚的シークエンスの劇的な構成について述べているが、これは物理的環境からのものであり、「翔ぶ構造」はいわば日本人の意識的側面から空間の演出を考察したものといえる。

世界遺産となった神宿る島、沖ノ島に関して、「志賀海神社は、まっすぐ博多湾をにらみ（中略）宗像の辺津宮は、玄界灘を望み、中津宮は遠く関門海峡に視線をそそぐ。そして沖津宮は対馬海峡に対して（中略）これらの神々を斎いた人々の主たる生活空間の方向だったのであろう」と述べている。

図：沖津宮遥拝所（沖の島）[10]と玄海三神の社殿に向かう方向 [11]

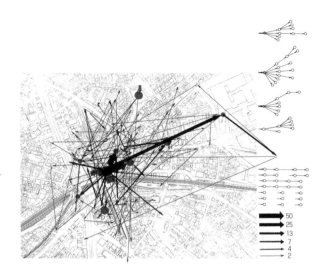

50
25
13
7
4
2

志水英樹 『街のイメージ構造』

Shimizu Hideki, 1935-

人間の行動を環境の物理的側面に直接結びつけようとする従来
の行動科学の研究方法から脱却し、「イメージ」された環境の「心
的環境」と「物理的環境」の対応を定量的操作からとらえようと
するところに意味がある。都市の中心市街地を対象として、心
的環境をとらえるためK.リンチの『都市のイメージ』で用い
られたイメージマップの方法では、分析できない数量的かつ統
計的にとらえることのできる方法、エレメント想起法を考案し
た。エレメント想起法は、対象の街について「知っているもの、
想い出すもの」を自由にあげてもらうもので、極めて簡便な方
法である。これは記憶の過程における憶え込んだこと（記銘）
を再生することである想起に着目したものであり、その結果を
街のイメージと呼んでいる。この方法を用いて街のイメージ構
造を「図」と「地」の視点から分析したものである。想起された
エレメントの情報量を基にイメージの流れの構造をツリーダイ
アグラムとして示し、それぞれの地区の特徴をとらえている。

図：渋谷1次ツリーダイヤグラム [12)]

参考文献

1 視覚

陣内秀信・岡本哲志編著『水辺から都市を読む―舟運で栄えた港町』法政大学出版局，2002

神谷武夫『インド建築案内』TOTO出版，1996

那谷敏郎・大村次郷『インドの黄金寺院（平凡社カラー新書）』平凡社，1981

レベッカ・ハインド，植島啓司訳『図説 聖地への旅』原書房，2010

グリンダル・シン・マン，保坂俊司訳『シク教（シリーズ21世紀をひらく世界の宗教）』春秋社，2007

丹下健三・藤森照信『丹下健三』新建築社，2002

東孝光＋節子＋利恵『「塔の家」白書―六坪に住んだ二〇年（住まい学大系）』住まいの図書館出版局，1988

大塚雅貴『美しきアルジェリア―7つの世界遺産を巡る旅（地球の歩き方 gem STONE）』ダイヤモンド・ビック社，2011

ユネスコ世界遺産センター監修『ユネスコ世界遺産11 北・西アフリカ』講談社，1998

講談社総合編纂局編『週刊ユネスコ世界遺産 第59号 アルジェのカスバ』講談社，2002

Winy Mass, Jacob van Rijs, Richard Koek：MVRDV FARMAX Excursions on density, 010 Publishers, 1998

磯崎新『建築のパフォーマンス＜つくばセンタービル＞論争（PARCO picture backs）』パルコ出版，1985

三上祐三『シドニーオペラハウスの光と影―天才建築家ウツソンの軌跡』彰国社，2001

2 聴覚

船越徹・積田洋『建築・都市計画のための空間の文法』彰国社，2011

積田洋・福井通・赤木徹也・金子友美・鈴木弘樹・山家京子『建築空間計画』彰国社，2012

日本音響学会編，上野佳奈子編著，橘秀樹他共著『コンサートホールの科学―形と音のハーモニー（音響サイエンスシリーズ6）』コロナ社，2012

レオ・L.ベラネク，日高孝之・永田穂訳『コンサートホールとオペラハウス―音楽と空間の響きと建築』シュプリンガー・フェアラーク東京，2005

日本建築学会編『音楽空間への誘い―コンサートホールの楽しみ』鹿島出版会，2002

日本建築学会編『空間要素―世界の建築・都市デザイン』井上書院，2003

レンゾ・ピアノ，石田俊二監修，田丸公子・倉西幹雄訳『レンゾ・ピアノ航海日誌』TOTO出版，1998

日本建築学会『世界の構造デザインガイドブックⅠ』建築技術，2019

佐藤道子『東大寺 お水取り―春を待つ祈りと懺悔の法会（朝日選書）』朝日新聞出版，2009

GBS実行委員会編『論集 東大寺二月堂 修二会の伝統とその思想（ザ・グレイトブッダ・シンポジウム論集第8号）』東大寺（法藏館），2010

『プロセスアーキテクチュア 27　空間と伝統：トルコの建築』プロセスアーキテクチュア，1981

陣内秀信・新井勇治編『イスラーム世界の都市空間』法政大学出版局，2002

飯島英夫『トルコ・イスラム建築』冨山房インターナショナル，2010

日本建築学会編『空間演出―世界の建築・都市デザイン』井上書院，2000

Robert McCarter：Fallingwater: Frank Lloyd Wright (Architecture in Detail), Phaidon Press, 1994

日本建築学会編『空間体験―世界の建築・都市デザイン』井上書院，1998

3　触覚

日本建築学会編『空間体験―世界の建築・都市デザイン』井上書院，1998

講談社総合編纂局編『週刊ユネスコ世界遺産　第87号　城壁都市シバーム』講談社，2002

新建築社編『NHK 夢の美術館 世界の名建築 100 選』新建築社，2008

原広司『集落への旅（岩波新書）』岩波書店，1987

益子義弘・東京芸術大学益子研究室『湖上の家，土中の家―世界の住まい環境を測る（百の知恵双書）』農山漁村文化協会，2006

日本建築学会編『空間要素―世界の建築・都市デザイン』井上書院，2003

藤原新也撮影，草山こずえ他『彫刻に触れるとき』用美社，1985

ロベルト・ガルジャーニ，難波和彦監訳『レム・コールハース｜OMA　驚異の構築』鹿島出版会，2015

石井米雄『タイ仏教入門（めこん選書）』めこん，1991

弘末雅士『東南アジアの建国神話（世界史リブレット）』山川出版社，2003

梵寿綱・羽深隆雄『生命の讃歌』美術出版社，2017

川村純一・斉藤浩二・戸矢晃一『建設ドキュメント 1988―イサム・ノグチとモエレ沼公園』学芸出版社，2013

三好和義・桜井敏雄・岡野弘彦『伏見稲荷大社（日本の古社）』淡交社，2003

カルロ・レーヴィ，竹山博英訳『キリストはエボリで止まった（岩波文庫）』岩波書店，2016

陣内秀信『都市を読む＊イタリア』法政大学出版局，1988

「廃線を活用した都市公園開発 ～ニューヨーク・ハイライン公園の成功に学ぶ～」Clair Report No.394, 2014.3，(財)自治体国際化協会ニューヨーク事務所

James Corner Field Operations：Diller Scofidio & Renfro, The High Line, Phaidon Press, 2015

4　嗅覚

『名古屋城本丸御殿』名古屋市観光文化交流局名古屋城総合事務所，2018

若山滋「名古屋城本丸御殿の再建に向けて」建築雑誌 Vol.103, No.1274, 1988

E.T. ホール，日高敏隆・佐藤信行訳『かくれた次元』みすず書房，1970

5　味覚

吉田兼好，西尾実・安良岡康校注『新訂 徒然草（岩波文庫）』岩波書店，1985

鈴木恂『光の街路―都市の遊歩空間（建築巡礼）』丸善，1989

神原邦男『大名庭園の利用の研究－岡山後楽園と藩主の利用』吉備人出版，2003

日本建築学会編『空間体験―世界の建築・都市デザイン』井上書院，1998

6 時間

フランツ・シュルツ，沢村明訳『評伝ミース・ファン・デル・ローエ』鹿島
　　出版会，1987
日本建築学会編『空間体験―世界の建築・都市デザイン』井上書院，1998
瀬谷肇編『週刊朝日百科世界100年　天空の聖都ラサとカトマンズ』朝日新
　　聞社，2002
中沢新一『三万年の死の教え―チベット［死者の書］の世界』角川書店，
　　1993
フィリップ・ローソン，森雅秀＋森喜子訳『聖なるチベット』平凡社，1992
和辻哲郎『桂離宮―製作過程の考察』中央公論社，1955
立原正秋『日本の庭』新潮社，1977
東京電機大学円久井研究室編，阿久井喜孝・滋賀秀實・松葉一清編著『実測・
　　軍艦島―高密度居住空間の構成（復刻）』鹿島出版会，2011
後藤惠之輔・坂本道徳『軍艦島の遺産―風化する近代日本の象徴（長崎新聞
　　新書）』長崎新聞社，2005
大貫良夫編著『世界の大遺跡13　マヤとインカ』講談社，1987
カレン・ワイズ，五十嵐洋子訳『開かれた封印 古代世界の謎10　インカ―
　　古代の空中都市』主婦と生活社，1998
宮本健次『図説 日本庭園のみかた』学芸出版社，1998
NHK広島放送局『厳島神社千四百年の歴史 世界遺産登録記念：ハイビジョ
　　ンセミナー「厳島神社」から』1997
ヴィットリオ・マニャーゴ・ランプニャーニ，アンジェリ・サックス，太田
　　泰人監修『世界の美術館―未来への架け橋』TOTO出版，2004
青野尚子・山内宏康・村井清美『建築がすごい世界の美術館』パイインター
　　ナショナル，2015
齋藤裕『建築の詩人　カルロ・スカルパ』TOTO出版，1997
A.F.マルチャノ，濱口オサミ訳『カルロ・スカルパ（SD選書207）』鹿島出
　　版会，1989
中村好文『意中の建築 下巻』新潮社，2005
中村久司『観光コースでないロンドン―イギリス2000年の歴史を歩く』高
　　文研，2014
アンリ・スティアリン『イスラム―初期の建築 バグダッドからコルドバまで』
　　タッシェン・ジャパン，2002
石澤良昭編著『アンコール・ワットを読む』連合出版，2005

7 多様な感覚

日本建築学会編『空間演出―世界の建築・都市デザイン』井上書院，2000
宮地一雄他監修『モロッコ　北アフリカ』同朋社出版，1995
陣内秀信・新井勇治編『イスラム世界の都市空間』法政大学出版局，2002
日本建築学会編『空間体験―世界の建築・都市デザイン』井上書院，1998
ミルチャ・エリアーデ，風間敏夫訳『聖と俗―宗教的なる物の本質について
　　（叢書・ウニベルシタス）』法政大学出版局，1969
小寺武久『中世インド建築史紀行―聖と俗の共生する世界』彰国社，2001
神谷武夫『インド建築案内』TOTO出版，1996
ペーター・ツムトア，鈴木仁子訳『建築を考える』みすず書房，2012
ペーター・ツムトア，鈴木仁子訳『空気感』みすず書房，2015

『a+u 1998 年 2 月臨時増刊＜ピーター・ズントー＞』新建築社，1998

佐々木正人「これは底に穴のあいたカップではない」『養老天命反転地　荒川修作＋マドリン・ギンズ：建築的実験』毎日新聞社，1995

立花隆『宇宙からの帰還（中公文庫）』中央公論社，1983

宇宙航空研究開発機構（JAXA）　文化・人文社会科学利用パイロットミッション「宇宙でのびやかに暮らそうプロジェクト～無重力下における心理・動作からみた宇宙建築の居室規模計画に関する基礎研究～」（代表提案者：西出和彦 東京大学）

後藤匠・関戸洋子・大崎淳史・西出和彦「宇宙での微小重力下の限定空間におけるコミュニケーション時の所作について─ISS 国際宇宙ステーションでのケーススタディと地上対照実験をもとに─」日本建築学会計画系論文集 No.761，pp.1559-1567，2019-07

8　感覚論に影響を与えた人々 ────────────────

アリストテレス，桑子敏雄訳『心とは何か（講談社学術文庫）』講談社，1999

今道友信『アリストテレス（講談社学術文庫）』講談社，2004

谷崎潤一郎『陰翳礼讃』創元社，1939

K. リンチ，丹下健三・富田玲子訳『都市のイメージ』岩波書店，1968

樋口忠彦『景観の構造 ランドスケープとしての日本の空間』技報堂出版，1975

U. ナイサー，大羽蓁訳『認知心理学』誠信書房，1981

芦原義信『街並みの美学』岩波書店，1979

J.J. ギブソン，東山篤規・竹澤智美・村上嵩至訳『視覚ワールドの知覚』新曜社，2011

E.T. ホール，日高敏隆・佐藤信行訳『かくれた次元』みすず書房，1970

R.M. シェーファー，鳥越けい子・小川博司・庄野泰子・田中直子・若尾裕訳『世界の調律─サウンドスケープとはなにか』平凡社，1986

R.Murray Schafer(ed.)：Five Village Soundscape, Vancouver, A.R.C. Publications, 1977

T. エンゲン，吉田正昭訳『匂いの心理学』西村書店，1990

大野隆造・小林美紀『安全で心地よい環境をつくる 人間都市学』井上書院，2011

D. ポコック，J.D. ポーティウス，米田巌・潟山健一訳『心のなかの景観』古今書院，1992

J.Raynor：A Westminster Childhood, Cassell & Company Limited, London, 1973

L. ハルプリン，伊藤ていじ訳『都市環境の演出─装置とテクスチュア CITIES』彰国社，1970

上田篤『空間の演出力』筑摩書房，1985

志水英樹『街のイメージ構造』技報堂出版，1979

引用文献

1) K. リンチ，丹下健三・富田玲子訳『都市のイメージ』岩波書店，1968，22頁・図3

2) 樋口忠彦『景観の構造 ランドスケープとしての日本の空間』技報堂出版，1975，96頁・図47・図48，112頁・図55，126頁・図58

3) U. ナイサー『認知の構図—人間は現実をどのようにとらえるか』サイエンス社，1978，21頁・図2（一部改変）

4) 芦原義信『街並みの美学』岩波書店，1979，64頁・図17

5) 同上，58頁・図12

6) E.T. ホール，日高敏隆・佐藤信行訳『かくれた次元』みすず書房，1970，177頁・表（プロクセミックスの知覚における遠距離と近接受容器の相互作用を示す表）

7) R.Murray Schafer (ed.)：Five Village Soundscape, Vancouver, A.R.C. Publications, 1977

8) T.Engen：Taste and smell. In J.E.Birren & K.Warner Schaie (Eds.), Handbook of the psychology of aging, New York, Van Nostrand Reinhold, 1977

9) Philip Thiel：People, Paths, and Purposes：notations for a participatory envirotecture, University of Washington Press, 1997, P.253, Fig

10) 上田篤『空間の演出力』筑摩書房，1985，123頁・図（沖の島祭祀遺跡図，沖の島）

11) 同上，87頁・図（玄界三神の社殿に向かう方向）

12) 志水英樹『街のイメージ構造』技報堂出版，1979，62頁・図5.8(a)

索 引

＊太字は本書収録事例・人名を示す。

事例索引

本索引は,本書に収録した事例を国別に整理したものである。また,事例名の後ろに付した色マークは各章の色に対応しており,主観的ではあるが空間からどう感じるかについて,本書で取り上げたさまざまな感覚について色マークの大きさで強弱を示している。なお,一箇所に特定できない事例については掲載写真の場所とした。

●：視覚／●：聴覚／●：触覚／●：嗅覚／●：味覚／●：時間／：多様な空間

アフリカ

アジア

───────────── オセアニア ─────────────

───────────── 宇　宙 ─────────────

空間五感　世界の建築・都市デザイン

2021年 3 月20日　第 1 版第 1 刷発行

編　者　一般社団法人 日本建築学会 ⓒ

発行者　石川泰章

発行所　株式会社 井上書院
　　　　東京都文京区湯島 2-17-15　斎藤ビル
　　　　電話(03)5689-5481 FAX(03)5689-5483
　　　　https://www.inoueshoin.co.jp
　　　　振替00110-2-100535

印刷所　株式会社ディグ

製本所　誠製本株式会社

装　幀　川畑博昭

ISBN978-4-7530-1764-5 C3052　Printed in Japan

空間デザイン事典

日本建築学会編　A5変形判・228頁・カラー　本体3000円＋税
空間を形づくる概念を軸に整理したデザイン手法について，その意味や特性，使われ方を，世界各地の建築・都市空間(700事例)を手掛かりに解説。

建築・都市計画のための
空間学事典［増補改訂版］

日本建築学会編　A5変形判・324頁・二色刷　本体3500円＋税
計画・設計や空間研究に役立つよう，建築・都市計画に関するキーワード272用語をテーマごとに収録し，研究成果や活用事例を踏まえながら解説。

建築・都市計画のための
調査・分析方法［改訂版］

日本建築学会編　B5判・272頁　本体3800円＋税
建築・都市計画における調査・分析方法について，研究の広がりや多様化に即して整理し，概要から適用の仕方まで研究事例・応用例をあげて解説。

建築・都市計画のための
空間計画学

日本建築学会編　B5判・192頁　本体3000円＋税
空間研究の体系化を行い，建築・都市計画に関する14の研究テーマを取りあげ，これらの手法・理論・技術が実際にどう応用されているのかを詳述。

空間体験 世界の建築・都市デザイン

日本建築学会編　A5判・344頁・カラー　本体3000円＋税
計画・設計の手掛かりとなるよう，国内外の原型的，典型的な建築・都市を厳選し，空間の魅力をあますところなくビジュアルに再現(全92事例)。

空間演出 世界の建築・都市デザイン

日本建築学会編　A5判・264頁・カラー　本体3000円＋税
対象，対比，連続，転換，継起，重層，表層など，空間に込められた演出性の視点から，その効果や空間の面白さを写真とともに解説(全76事例)。

空間要素 世界の建築・都市デザイン

日本建築学会編　A5判・258頁・カラー　本体3000円＋税
柱，壁，窓，屋根，天井，床，階段など，空間を構成する要素に着目し，それらの機能的，表現的，象徴的な役割を事例から読み解く(全169事例)。